Knaur

Über die Autoren:

Martin Schwarz, geboren 1971, war nach dem Studium der Philosophie und Publizistik als Osteuropa- und Balkankorrespondent mehrerer deutscher Zeitungen und Magazine tätig, danach war er Wirtschaftsjournalist und Chefredakteur beim *Österreichischen Industriemagazin.* Heute lebt und arbeitet er als freier Journalist und Publizist in Wien und schreibt u. a. für die *Berliner Zeitung,* die Wochenzeitung *Jungle World,* den *Freitag* und die *Netzeitung.* Außerdem verfasst er politische Analysen für den Washingtoner Think Tank »Foreign Policy in Focus«. Martin Schwarz ist Mitbegründer des Autoren-Netzwerks »Stories & Texte«.

Heinz Erdmann, geboren 1970, studierte Philosophie und Geschichte an der Universität Wien und arbeitete danach als Journalist und Hörfunkredakteur beim Österreichischen Rundfunk (ORF). Zwischenzeitlich folgten Publikationen in österreichischen und deutschen Tages- und Wochenzeitungen zu den Themenbereichen Politik und Wirtschaft. Heinz Erdmann lebt als freier Autor und Journalist in Wien.

Martin Schwarz/Heinz Erdmann

Saddams blutiges Erbe

Der wirkliche Krieg steht uns noch bevor

Knaur

Besuchen Sie uns im Internet:
www.droemer-knaur.de

Originalausgabe 2003

Ein Unternehmen der Droemerschen Verlagsanstalt
Th. Knaur Nachf. GmbH & Co. KG, München

Redaktion: Beate Koglin
Umschlaggestaltung: ZERO Werbeagentur, München
Umschlagabbildung: Corbis, Düsseldorf
Satz: Ventura Publisher im Verlag
Druck und Bindung: Nørhaven Paperback A/S
Printed in Denmark
ISBN 3-426-77725-8

2 4 5 3 1

Inhalt

Vorwort

Der Krieg gegen den Irak hat nicht allein in Europa zu einem vorerst neuen Höhepunkt der Politisierung geführt. Millionen vorwiegend junger Kriegsgegner füllten in den Wochen vor dem Militärschlag weltweit die Straßen der Großstädte. Gegen den Krieg zu sein war das stille Einverständnis weiter Teile der Europäer. Ganz im Gegensatz zum Golfkrieg 1991 galt es diesmal nicht, einen Aggressor zurückzuschlagen, sondern ein Regime wegzubomben, das nach Überzeugung der Bush-Administration erstens Massenvernichtungswaffen besitze, zweitens eine Gefahr für die Nachbarstaaten und für den Westen sei, drittens die Menschenrechte mit Füßen trete und viertens enge Verbindungen zum Terrornetzwerk al-Quaida unterhalte.

Zumindest drei der vier von US-Präsident George W. Bush angeführten »guten« Gründe stellten sich schon im Vorfeld als falsch oder zumindest fragwürdig heraus: Der Irak, soviel kann schon jetzt gesagt werden, besaß keine Massenvernichtungswaffen, und dass die nach Ansicht Bushs größte Bedrohung für den Frieden innerhalb von knapp vier Wochen besiegt war, wirft eher ein trübes Licht auf die Fähigkeit der derzeitigen amerikanischen Regierung, die weltpolitische Lage korrekt einzuschätzen. Als sich immer klarer herauskristallisierte, dass das irakische Tötungsarsenal wohl doch nicht so verheerend sein kann, wurde das Menschenrechtsargument aus der Requisite geholt. Der Irakkrieg wurde zur »humanitären Intervention« und trat damit die Nachfolgerschaft des Kriegs gegen Jugoslawien an: Hier wie dort war ein

Diktator an der Macht, der sein Volk blutig unterdrückt hatte.

Als wir dieses Buch schrieben, schockten immer neue Meldungen über die Entdeckung von Massengräbern im Irak die Welt. Verzweifelte Menschen suchten nach ihren vor Jahren verschwundenen Angehörigen, denn das Saddam-Regime hatte sich auf ein perfekt durchdachtes System der politischen Repression gestützt. Willkürliche Hinrichtungen waren an der Tagesordnung, und es wurde Folter angewandt, wie sie grausamer und menschenverachtender nicht sein könnte. In diesem Buch wird nun aufgearbeitet, wie die Iraker unter ihrem Diktator gelitten haben, und es wird detailliert beschrieben, wie Saddam Hussein jeden politischen Widerstand im Keim erstickte.

Doch gleichzeitig werden Fragen laut: Wie legitimiert die US-Regierung den Sturz des einen Diktators, während sie mit seinen »Amtskollegen« in anderen Staaten nach wie vor bestens kooperiert? Wie wurde Saddam Hussein zum Staatsfeind Nummer eins, und warum wurde das Land auf Betreiben der USA jahrelang unter schärfste Sanktionen gestellt, die sich schon bald als tödlich für das irakische Volk, aber als nicht weiter bedrohlich für das Regime erwiesen haben? Und schließlich: Wäre die Frage der Menschenrechte von den kriegführenden Nationen überhaupt ins Rampenlicht der Öffentlichkeit gezerrt worden, wenn sich während der UN-Inspektionen vielleicht doch eine Spur Anthrax, Nervengift oder Aflatoxin oder zumindest ein aktives Programm zur Herstellung von Atomwaffen hätten finden lassen? Wahrscheinlich nicht.

Was bleibt, ist das Gefühl, dass dieser Krieg auf vorgeschobenen Argumenten basierte. Nur so konnte es passieren, dass Kriegsgegner in aller Welt die eher platte These vertreten konnten, dass dieser Krieg allein wegen des Öls geführt werden sollte. Diese Erklärung aber greift viel zu kurz. Die USA hatten subjektiv eine ganze Reihe von Gründen, den Irak anzugreifen und Saddam Husseins Regime zu vernichten, und der Zugriff auf die zweitgrößten Erdölreserven der Welt ist nur einer davon und ganz bestimmt nicht der wichtigste.

Außerdem gehen wir in diesem Buch auch der wohl spannendsten Frage nach Beendigung des Krieges nach: Kann der militärische Sieg über die ganz offensichtlich schwache Armee des Diktators alles gewesen sein, was die USA zu bieten hatten? Das Chaos beim Wiederaufbau des Irak, die peinlichen Personalrochaden der US-amerikanisch geführten Übergangsverwaltung und die Schwierigkeiten, aus der irakischen Opposition eine irakische Regierung zu generieren, lassen Zweifel an der Existenz eines großen Plans zur Neuordnung des kaputten Landes aufkommen.

Auch das gehört zum blutigen Erbe Saddam Husseins: dass sich nämlich mit seinem Verschwinden auch ein Staat schlicht aufgelöst hat. Noch wochenlang nach Kriegsende zogen organisierte Banden von Plünderern durch Bagdad und andere irakische Großstädte und zerstörten auch den Rest an Infrastruktur, der nach den verheerenden Bombardements der kleinen »Koalition der Willigen« noch übrig geblieben war. Meist mussten die Plünderer nicht mit allzuviel Gegenwehr der Besatzer rechnen, denn besonders die Amerikaner in Bagdad zeigten sich vom Ausbruch der Anarchie vollkommen überfordert. Das Volk, so schien es, tobte sich aus, und die Kritik an der US-amerikanischen Übergangsverwaltung wurde immer lauter, bis sich Washington nach Wochen des »Management by Chaos« genötigt sah, einen Großteil der Verwalter abzulösen.

Mehr denn je besteht die Gefahr, dass das irakische Volk nach jahrzehntelanger Unterdrückung durch den Despoten Saddam Hussein nun in einer Ära politischer Instabilität versinkt, deren Höhepunkt gar in einem neuen Krieg, einem Bürgerkrieg, gipfeln könnte. Nur Saddam Husseins repressiver Machtapparat verhinderte in den letzten Jahren, dass schwelende Konflikte unter den diversen Ethnien und religiösen Gruppierungen im Irak offen ausbrachen.

Im Verborgenen blieben bislang konkrete Pläne, wie der Irak in Zukunft regiert werden soll. Beinahe täglich wurden neue Ideen veröffentlicht, deren gemeinsamer Nenner in ihrem schnellen Verfallsdatum bestand: Schon wenige Stunden nach Veröffentlichung war meist wieder alles anders. Wie ein roter Faden zieht sich durch all diese Schwierigkeiten beim demokratischen Wiederaufbau der Eindruck, dass es zwar eine intensive Vorbereitung auf die militärische Eroberung des Irak gegeben hatte, aber dass man sich in Washington wohl nicht so intensive Gedanken über die Zeit nach dem Krieg und die künftige Regierungsform gemacht hatte. Die irakische Opposition jedenfalls stellte sich schon wenige Wochen nach der Flucht und dem Verschwinden Saddam Husseins als vollkommen unfähig heraus, eine gemeinsame Vision für einen demokratischen Irak zu entwickeln. Auch das hat

Washington unterschätzt, wie uns einige Entscheidungsträger und Politikberater im amerikanischen Machtzentrum relativ offen bestätigten.

Was also ist passiert? Einerseits gab es nur eine ungenügende Koordination zwischen Amerikanern und Exiloppositionellen, andererseits hatten die USA nicht wirklich einkalkuliert, wie zerfressen von Intrigantentum und erbitterter Gegnerschaft die Oppositionellen untereinander sind. Erst im Laufe unserer Recherchen bestätigte sich unser Verdacht, dass gerade die von den USA gehätschelten irakischen Oppositionsgruppen über keinerlei Rückhalt bei der Bevölkerung verfügen und so auch nicht als deren Anwalt und legitime Vertreter auftreten können. Nur religiöse Eiferer schaffen es, die politische Unzufriedenheit der Iraker für ihre Zwecke zu instrumentalisieren – sehr zum Leidwesen der Besatzer, die schon befürchten, der Irak könne zu einem Gottesstaat nach dem Vorbild des Iran mutieren. Dann allerdings wäre die gesamte Operation enorm kontraproduktiv gewesen: Denn einen zwar grausamen, aber doch immerhin säkularen Diktator abzulösen und dann die politische Reinkarnation Khomeinis in Bagdad regieren zu sehen entspricht ganz sicher nicht den geopolitischen Idealvorstellungen der Vereinigten Staaten.

Aber was sind denn eigentlich diese geopolitischen Idealvorstellungen für die sensible Region des Nahen und Mittleren Ostens und des gesamten arabischen Raums? US-Präsident George W. Bush hat es erklärt: grenzenlose Demokratie. Von Marokko bis Iran. Wo derzeit noch Despoten oder Semidemokraten herrschen – teilweise in harmonischer Eintracht mit den Vereinigten Staaten –, sollen sie über kurz oder lang durch »echte« demokratische Regierungen ersetzt werden. Ein fabelhafter Plan und ein gewagter noch dazu.

Denn nicht zuletzt das ungeschickte und etwas tollpatschige Engagement der USA im Irak nach der Eroberung des Landes hat den Fundamentalisten in der Region wieder Zulauf verschafft, und erste Terroranschläge in Marokko und Saudi-Arabien künden von einer neuen Terrorwelle. Wenn also der demokratische Anspruch der Bush-Administration bis in letzter Konsequenz weiterverfolgt wird, muss sich Washington damit abfinden, zwischen Rabat und Teheran islamistische Regierungen vorzufinden, die sich dann ganz bestimmt nicht mehr in den Dienst von US-Interessen stellen.

Noch ist vieles in Bewegung, noch ringen sehr unterschiedliche Kräfte darum, die Zukunft mitzugestalten und mitzubestimmen. Insofern ist das Bild, das wir in diesem Buch vom Irak, seinen Menschen und der Region zeichnen, sicher kein endgültiges. Aber es gibt doch einen differenzierten Eindruck von der Lage im Irak, die nichts zu tun hat mit den triumphalen Bildern vom US-Einmarsch in Bagdad und dem Sturz der Saddam-Statuen. Denn zu Saddams blutigem Erbe gehören nicht nur die Opfer seiner Diktatur, sondern auch jene, die in diesem Krieg gestorben sind, und jene, deren Hoffnungen auf eine bessere Zukunft sich bisher noch nicht erfüllt haben.

Martin Schwarz, Heinz Erdmann
Wien, im Juni 2003

Kapitel 1

Saddams Politik: Schock und Ehrfurcht

Der Totengräber von Abu Ghraib

An jedem Mittwoch hatte Muhammad Muslim Muhammad, der gerade einmal 21-jährige Totengräber des Friedhofs von Abu Ghraib, besonders viel zu tun: Dann nämlich wurden vom nur rund zwei Kilometer entfernten Gefängnis die Leichen der gerade Hingerichteten angeliefert. Mittwoch war Exekutionstag im Gefängnis von Abu Ghraib, einer Stadt etwa 18 Kilometer westlich von Bagdad. Ab fünf Uhr morgens begannen die Henker ihr grausames Tagwerk, ab elf Uhr rollten die Transporte an. Das war die Dramaturgie des Terrors, und sie wurde Woche für Woche penibel eingehalten. Mindestens neun Leichen waren es, manchmal auch mehr. Sieben Jahre lang machte Muhammad diesen Job, von den Lieferungen aus dem Gefängnis hat er bislang noch niemandem erzählt. Die ältesten Gräber der ehemaligen Häftlinge stammen aus dem Jahre 1983 – Saddam Hussein war damals gerade mal vier Jahre an der Macht. Die jüngsten Gräber der vermeintlichen Feinde des Diktators hatte Muhammad im Oktober 2002 auszuheben. Insgesamt befinden sich wohl um die 3000 Grabstätten der Opfer Saddam Husseins und seines Regimes allein auf diesem Friedhof.

Muhammad muss in den Wochen nach dem Sturz des

Diktators wieder graben. Angehörige suchen hier am Friedhof nach den Überresten jener Familienmitglieder, die einst von Saddams Geheimdiensten verschleppt und nach meist monatelangen Folterungen im Gefängnis hingerichtet worden waren. Die meisten der Menschen, die hier in der Wüste nach den Leichen ihrer Verwandten suchen, haben lediglich einen Fetzen Papier in der Hand, auf dem eine Nummer steht.

Adel Rahaif Hani etwa sucht das Grab Nummer 535. Dort sollen die Überreste seines Bruders Satter verscharrt liegen, der 1995 inhaftiert worden war. Muhammad, der Totengräber, findet schließlich das, was von Satter geblieben ist: einige Zähne, einige Knochen. Für Adel Rahaif Hani ist das genug: »Ich fühle mich befreit, denn bisher wusste ich nicht, ob er noch am Leben ist oder schon tot. Jetzt weiß ich es.«[1] Immerhin hat er vom neu gegründeten »Komitee für die Befreiung der Gefangenen« erfahren, wann sein Bruder hingerichtet worden war: am 23. August 1997. »Exekution durch Erhängen« steht auf der Karteikarte, die von den Gefängniswärtern mit bürokratischer Sorgfalt angelegt und nach dem Sturz des Regimes zurückgelassen worden war.

Ortswechsel. Hillah, eine Stadt etwa 100 Kilometer südlich von Bagdad. Hier graben die Menschen teilweise mit bloßen Händen nach vermissten Angehörigen. Mitte Mai, also mehr als einen Monat nach dem Sturz des Saddam-Regimes, werden hier rund 3000 Leichen exhumiert. Experten vermuten, dass hier bis zu 15000 Opfer des Saddam-Regimes verscharrt sein könnten. Vermutlich sind es Schiiten, die nach dem Aufstand 1991 gegen das Regime abgeschlachtet worden sind.[2]

Die »Killing Fields« Saddam Husseins scheinen über den gesamten Irak verstreut zu sein und geben einen Eindruck über die Großflächigkeit seines Terrors. Auch im Dorf Muhammed Sakran, etwa 40 Kilometer nördlich der irakischen Hauptstadt Bagdad, wird Mitte Mai ein Massengrab entdeckt. Etwa 1000 Menschen sollen hier verscharrt sein.

Auf besonderes Interesse der befreienden Truppen der USA und Großbritanniens aber sind die Hinweise der Einheimischen über mögliche Massengräber offenbar nicht gestoßen: Nach Informationen der Menschenrechtsorganisation Human Rights Watch wussten die US-Besatzer bereits seit Anfang Mai von dem Massengrab in Hillah, entsprechende Vorkehrungen zur Sicherung des Tatorts waren aber nicht getroffen worden. Die Folge erklärt Menschenrechtsexperte Peter Bouckaert so: »Verzweifelte Familienangehörige wollten die Toten auf eigene Faust ausgraben, wobei natürlich viele Beweise vernichtet worden sind.«[3]

Erst jetzt also bricht jenes tausendfache Leiden der Iraker hervor, nach 25 Jahren in Saddam Husseins Gefangenschaft. Der Leidensweg eines Irakers im Reich des Diktators hatte viele Stationen: Grausame Verstümmelungen, Folter, jahrelange Inhaftierung, Hinrichtung ohne Gerichtsurteil. In den Massengräbern von Hillah und am Friedhof von Abu Ghraib liegen jene, für die die Befreiung zu spät kam.

Maher Fakher al-Khasan, ehemals Direktor des Gefängnishospitals von Abu Ghraib, berichtete nach seiner Flucht aus dem Irak im Jahre 2001 auch von regelmäßigen Massenexekutionen in diesem Gefängniskomplex. Am 8. Juli 2001 etwa wurden 43 politische Gefangene an einem einzigen Tag hingerichtet. Am 27. Januar 2000 wurden 26 Häftlinge ermordet, am 26. November 1999 fanden ebenfalls 26 Häftlinge den Tod bei einer Massenexekution. Dabei waren diese organisierten Hinrichtungen vorwiegend politischer Gefangener nicht allein sadistische Exzesse des Gefängnispersonals, sondern wurden offensichtlich auf Befehl der Staatsführung durchgeführt. Die regelmäßige »Leerung« von Gefängnissen per Massenexekution war mit den Jahren beinahe zu einer infrastrukturellen Notwendigkeit geworden.

»Die Gefängnisse sind fünfmal so voll, wie es ihre Kapazität eigentlich erlaubt, und die Situation ist ernst«, meinte etwa im Jahre 1998 der damalige irakische Sozialminister Abdul Hamid Aziz Sabah in einem Interview. Es sollte sein letztes als Minister gewesen sein: Nach dem Interview wurde er gefeuert.[4] Allein in Abu Ghraib saßen zu Spitzenzeiten 75000 Gefangene ein – es war das größte Gefängnis im gesamten arabischen Raum. Dass die Zahlen über die Gefängnissäuberungen von Quelle zu Quelle variieren, ist dem Umstand zu schulden, dass sich westliche Geheimdienste und Menschenrechtsorganisationen auf die Aussagen von Augenzeugen und Überläufern stützen mussten. Einige dieser Überläufer – dies sei angemerkt – könnten mit übertriebenen Zahlen auch politische Zwecke verfolgt haben.

Als gesichert jedoch kann gelten, dass es vor allem politische Häftlinge waren, die den regelmäßigen Massenhinrichtungen zum Opfer fielen. So berichtete Khalid Sajit al-Janabi, ein geflohener Offizier des irakischen Geheimdienstes, von einer Begebenheit im Jahre 1998, als Kusai Hussein, der jüngere Sohn des Diktators und Chef sämtlicher Sicherheitsdienste des Irak, die Order ausgab, das Abu-Ghraib-Gefängnis von politischen Häftlingen zu leeren. »Um sechs Uhr morgens begannen die Exekutionen. Um neun Uhr abends waren 2000 Iraker tot. Es handelte sich hauptsächlich um Menschen aus dem Süden, denen vorgeworfen wurde, sich als Oppositionelle betätigt zu haben. Einige von ihnen wurden gehängt, andere erschossen«, beschreibt der Offizier das Blutbad.[5] Freilich ist es zum gegenwärtigen Zeitpunkt noch nicht möglich, solche Berichte zu verifizieren, unbestreitbar aber bleibt die Tatsache, dass sich das irakische System bei der Bekämpfung seiner Feinde auf illegale Inhaftierungen und Hinrichtungen gestützt hat. Dass bei Gewaltorgien wie der eben erwähnten vor allem politische Gefangene zu den Opfern gehörten, war gut durchdachtes Kalkül der Staatsführung: Gerade von den gewöhnlichen Kriminellen nämlich konnte man immerhin Geld erpressen, um das System der politischen Repression zu finanzieren.

Davon zeugen jene Dokumente, die im Verwaltungstrakt der irakischen Geheimdienstzentrale al-Hakemija in Bagdad kurz nach dem Sturz des Diktators gefunden worden waren: Mit buchhalterischer Pedanterie wurden hier Listen angefertigt, die genau Auskunft geben über die Summen, die von Angehörigen der Häftlinge für deren Freilassung bezahlt worden waren. Die grausame Zwangskollekte des Staates führte manchmal gar zu Massenentlassungen: Im Mai 1999 etwa wurden rund 3 000 Häftlinge aus irakischen Gefängnissen entlassen, nachdem ihre Familien Geld an die Behörden bezahlt hatten. Ein Häftling musste die letzten acht Jahre seiner Haftzeit nicht absitzen, nachdem seine Familie 3125 US-Dollar für die Behörden berappt hatte. Selbst dem Henker konnte mancher Häftling entkommen, wenn entsprechende Schutzgelder entrichtet wurden.

Der 30-jährige Fayad Atta stand während seiner Zeit im Abu-Ghraib-Gefängnis insgesamt sechs Mal in der Todeskammer, jedes Mal konnte Fayads Bruder Jamal die Hinrichtung durch die Bezahlung von insgesamt 9000 US-Dollar in letzter Minute verhindern.[6] Das einzige Verbrechen Fayads bestand darin, ein gestohlenes amerikanisches Auto gekauft zu haben, verurteilt wurde Fayad eigentlich »nur« zu sechs Jahren Haft. Die Androhung der Hinrichtung schien den Behörden jedoch als probates Mittel, die Staatskasse aufzufüllen. Konnten Häftlinge jedoch nicht die nötigen finanziellen Mittel aufbringen, um entlassen zu werden oder zumindest den alltäglichen Folterungen zu entgehen, bedienten sich Wärter in den Gefängnissen auch schon mal ganz persönlich: Dann wurden während der Besuchstage die Frauen der Häftlinge vor deren Augen vergewaltigt. Auch Fayad bestätigt, was der Totengräber des Friedhofs von Abu Ghraib erzählt hat: Jeden Mittwoch gab es Hinrichtungen unter den »gewöhnlichen Kriminellen«. Im Block der politischen Häftlinge hatten die Henker jedoch noch öfter zu tun.

Heute ist es unmöglich, die genaue Anzahl der Hinrichtungen und politischen Morde im Reich Saddam Husseins festzustellen, denn das Regime gab sich mit der Zeit nicht einmal mehr die Mühe, über jeden Toten Buch zu führen. Offiziell mutet die Hinrichtungsstatistik der irakischen Regierung nicht besonders spektakulär an. Dem UN-Sonderberichterstatter für Menschenrechte im Irak, Andreas Mavrommatis, ließ das Regime in Bagdad die Information zukommen, dass im Jahre 2000 insgesamt 157 Menschen hingerichtet worden waren – die meisten von ihnen, weil sie wegen Mordes für schuldig befunden worden waren. 40 dieser 157 Delinquenten wurden wegen schwerer Drogendelikte hingerichtet, elf wegen Vergewaltigung. Im Jahre 2001 sieht die Statistik des staatlichen Mordes noch zurückhaltender aus: Insgesamt 106 Menschen wurden hingerichtet, davon 63 wegen Mordes, 40 wegen Drogendelikten und drei wegen Vergewaltigungen.[7]

Tod ohne Urteil

Die Maschinerie des Mordes per Gesetz schien also auf den ersten Blick im Irak auch nicht wesentlich effizienter zu sein als in den Vereinigten Staaten (dort wurden im Jahre 2001 insgesamt 66 Menschen hingerichtet). Doch die nackte Statistik blendet den größten Teil der tödlichen Repression im Irak aus: Die meisten Delinquenten im Irak hatten nicht das Privileg eines Gerichtsverfahrens oder einer juristisch abgesicherten Verurteilung – sie wurden, sofern es sich um vermeintliche oder tatsächliche Gegner des Saddam-Regimes handelte, gnadenlos ermordet. Die Menschenrechtsorganisation Amnesty International etwa schätzt, dass »seit den 80er Jahren« Massentötungen und illegalen Hinrichtungen »Hunderttausende Menschen« zum Opfer gefallen sind.[8]

Dass vor allem politische Gegner Saddam Husseins die ganze Macht des staatlichen Gewaltmonopols zu spüren bekamen, hat auch mit einer juristischen Verschleierungstaktik des Regimes zu tun: Laut Paragraph 20 des irakischen Strafgesetzbuchs wurde die Todesstrafe bei politischen Delikten grundsätzlich in lebenslange Haft umgewandelt – womit immerhin das Ausland beschwichtigt werden konnte. Tatsächlich ermöglichte dies den Schergen Saddam Husseins, um so brutaler gegen Feinde des Regimes vorzugehen, weil sie sich dabei an keine legislativen Nebensächlichkeiten halten mussten. Die Entscheidung über Leben und Tod oblag damit allein der Willkür von Saddams aufgeblasenem Sicherheitsapparat.

Als sich im März 1991 nach dem für den Irak verlorenen Golfkrieg die Schiiten im Süden des Landes gegen die »gottlose« Baath-Partei und das Saddam-Regime erheben, handelt die Staatsmacht schnell: 106 schiitische Geistliche werden kurzerhand ermordet, um ein Exempel zu statuieren. Eine überaus beliebte Methode des Regimes ist es auch, andere für die Straftaten der eigenen Schergen verantwortlich zu machen: Im Februar 1999 wird der schiitische Ayatollah Mohammad Sadeq al-Sadr auf dem Weg in die Moschee im Auto erschossen. Einige Wochen später präsentiert das irakische Staatsfernsehen die beiden Hauptverdächtigen – immerhin war der Ayatollah unter den Schiiten äußerst populär, und einen weiteren Aufstand der größten Bevölkerungsgruppe im Irak konnte sich Saddam Hussein nicht leisten. Doch da unterläuft den Dramaturgen ein verheerender Regiefehler: Einer der beiden im irakischen Staatsfernsehen vorgeführten Attentäter hatte sich zum Zeitpunkt der Tat schon seit Monaten in Haft befunden. Als zwei Jahre später zwei schiitische Geistliche, Abdulsattar Abed-Ibrahim al-Mausawi und Ahmad al-Hashemi, öffentlich das Regime für den Tod des Ayatollah verantwortlich machten, wurden sie ebenfalls ermordet.[9]

Schiiten und Kurden: die Todfeinde Saddams

Die Schiiten waren neben den im Norden des Irak beheimateten Kurden die bevorzugten Opfer der Gewaltherrschaft Saddam Husseins. Sie wurden von dem sich als säkular gebenden Diktator wegen ihrer Frömmigkeit gefürchtet, die Kurden betrachtete Saddam Hussein ohnehin als Fremdkörper in seinem Staat. Beide Bevölkerungsgruppen ließ er nicht an der politischen Macht teilhaben, die gesamte engere Führungsclique bestand ausschließlich aus Angehörigen der sunnitischen Volksgruppe. Ein im Übrigen recht seltsamer Fall politischer Apartheid: Saddam Hussein generierte die Legitimation seines Regimes gegenüber dem Westen vor allem aus der Betonung des friedlichen Zusammenlebens verschiedener ethnischer und religiöser Gruppierungen. Weil der Irak eben nicht entlang ethnisch-religiöser Linien organisiert sei, wäre das Land das perfekte Kontrastprogramm zu Gottesstaaten wie dem Iran oder Saudi-Arabien. Zwei Mal während seiner Amtszeit aber beging Saddam Hussein einen regelrechten Genozid an Kurden und Schiiten: 1987 bis 1988 im Rahmen der »Anfal«-Kampagne[10] gegen die Kurden und im Frühling 1991 bei der Niederschlagung des Schiiten-Aufstandes.

Während der »Anfal«-Kampagne gegen die Kurden leisteten irakische Armee und Republikanische Garden tatsächlich ganze Arbeit: Zwischen 50 000 und 100 000 Menschen sollen ermordet worden sein – viele von ihnen durch Nervengas, das von tief fliegenden Hubschraubern ausgesprüht worden war. Die Bewohner von rund 40 kurdischen Dörfern im Norden des Irak kamen so ums Leben, weitere 2 000 Dörfer wurden dem Erdboden gleichgemacht. Der grausame, langsame Tod von rund 5 000 Menschen im kurdischen Dorf Halabja am 16. März 1988 ging in die Geschichte ein.

Inszeniert wurde das massenhafte Töten von Ali Hassan al-Majid, einem Vetter Saddam Husseins. Ali Hassan al-Majid verdankt dem Einsatz in Halbaja seinen Spitznamen »Chemie-Ali«. Als er sich 1988 mit seinen Offizieren zu einer Lagebesprechung trifft, wird das Gespräch auf Tonband aufgezeichnet und al-Majid meint auf dem Mitschnitt mit fester Stimme: »Ich werde sie alle mit Chemiewaffen umbringen. Wer soll dagegen irgend etwas sagen? Die internationale Gemeinschaft? Scheiß drauf!« Etwas später in der Lagebesprechung erläutert al-Majid seine verblüffend einfache militärische Strategie: »Ich werde sie nicht einen Tag lang mit Chemiewaffen attackieren, nein, ich werde sie fünfzehn Tage lang mit Chemiewaffen angreifen!«[11] Das Paradoxe an al-Majids Kurdenhass: Er selbst hat einem Kurden sein Leben zu verdanken.

Zu Beginn der 70er Jahre wird Saddam Husseins Mann fürs Grobe bei einem Vorstoß der irakischen Armee gegen kurdische Peschmerga-Kämpfer gefangengenommen, doch die kurdische Führung richtet ihn nicht gleich hin, sondern wartete damit ab. Ein schwerer Fehler, vermutlich. Im Gefängnis besticht er einen kurdischen Wärter und verspricht ihm angesichts der eigenen engen familiären Bindungen zu Saddam Hussein eine »Traumkarriere«. Der Wärter befreit ihn und verhilft ihm zur Flucht nach Bagdad, doch statt der Traumkarriere wartet auf den Befreier nur der Tod: Sobald al-Majid im sicheren Bagdad ist, bringt er seinen kurdischen Retter um.[12]

Wirklich interessiert aber hat das Schicksal der Kurden den Westen nicht, Berichte von Menschenrechtsorganisationen wurden jahrelang in den westlichen Staatskanzleien ignoriert. Erst in den Monaten vor dem Golfkrieg brach im Weißen Haus und in Downing Street Nr. 10 kalkulierte Empörung aus. In Deutschland immerhin könnte es bald zu einer spektakulären juristischen Aufarbeitung kommen: Die Staatsanwaltschaft Nürnberg begann wenige Tage vor dem Sturz Saddam Husseins gegen den Diktator wegen Mordes zu ermitteln. Auslöser für die Ermittlungen war der Tod einer aus dem Iran stammenden Kurdin im März 2003: Die Obduktion der 39jährigen Frau bestätigte den Verdacht, dass sie an den

Langzeitfolgen eines Senfgasangriffs gestorben ist. Sie hatte sich im Jahre 1988 in einem Bergdorf im Nordirak aufgehalten – genau zu jener Zeit, als die »Anfal«-Kampagne ihren Höhepunkt erreichte.

»Die Schiiten und die Kurden verbindet im Irak eine gemeinsame Geschichte des Leides unter Saddam Hussein«, sagt Dhia al-Dabbass, Europarepräsentant der wohl größten schiitischen Oppositionsgruppe »Oberster Rat der Islamischen Revolution« (SCIRI).[13] 1991, als Saddam Hussein den Golfkrieg verloren hatte und seine Macht innerhalb des Irak ins Wanken geriet, nutzten die Schiiten im Süden des Landes das plötzliche Machtvakuum und begannen einen tapferen, letztendlich aber aussichtslosen Aufstand gegen den sunnitischen Diktator in Bagdad. Die Amerikaner ließen sie im Stich, und so konnte Saddam die Revolte schnell niederschlagen – mit grauenhaftem Ergebnis: Bis zu 250000 Menschen sollen an den direkten und indirekten Folgen gestorben sein.[14]

Obligatorische Folter

Die systematische Anwendung der Folter gehörte zum fixen Rüstzeug der irakischen Sicherheitsbehörden. Sie wurde angewandt, um Geständnisse zu produzieren – ob diese Geständnisse der Wahrheit entsprachen, interessierte nur wenig, sobald die Gefängnistore hinter einem Gefangenen geschlossen worden waren. Dabei kannte die Phantasie der Folterknechte – sie wurden von Saddam Hussein liebevoll die »scharfen Schwerter der Regierung« genannt – keine Grenzen. Latif Yahia, dem

Doppelgänger von Udai Hussein, werden bei seiner Anwerbung vom irakischen Geheimdienst im Jahre 1988 insgesamt 35 Videos vorgespielt, die das gesamte Kaleidoskop der staatlich sanktionierten Quälereien zeigen: Delinquenten werden an eine Gasheizung gefesselt, bis ihre Haut verbrennt, andere werden an einen rotierenden Deckenventilator gehängt, Wärter schlagen mit Stöcken immer wieder auf sie ein, mit einem Handbohrer werden Häftlingen Hände und Füße durchbohrt. Purer Sadismus beherrscht den Alltag in den Gefängniszellen des Irak.

Heute, nachdem Saddam seine Macht und seinen Schrecken verloren hat, kehren Hunderte ehemalige Gefangene zurück an die Stätten des Grauens und erzählen ihre Leidensgeschichte in den dunklen Gemäuern. »Ich wurde geschlagen, nackt eingefroren und ein Jahr lang alleine in einem unterirdischen Verlies festgehalten«, erzählt der 37-jährige Iraker Ali Kaddam Kardom, als er Wochen nach Saddams Sturz in die Geheimdienstzentrale von Kadimya, einem Vorort Bagdads, zurückkehrt.[15] Kardom gehört zur schiitischen Bevölkerungsgruppe des Irak, was oft genug reichte, um ins Gefängnis zu wandern. Ein anderer ehemaliger Häftling erzählte Reportern in Bagdad vom Standardrepertoire der Schergen Saddams bei Folterungen: »Sie schlugen den Männern die Köpfe mit Baseballschlägern ein, streuten Salz in offene Wunden.«

Eine makabre Show bietet Kadim Sabbit al-Dataji, ein 61-jähriger Mann, der im vorwiegend von Schiiten besiedelten Bagdader Elendsviertel Saddam City lebt, seinen Besuchern. Wenn die ihn nämlich nach seinen Erlebnissen in den Folterkammern Saddam Husseins befragen, nimmt der Mann schlicht sein Glasauge heraus. Nach Jahren im Gefängnis hatte sich sein rechtes Auge entzündet – eine Folge der ständigen Folterungen, denen er ausgesetzt war. Ein Arzt im Gefängnishospital versprach dem Mann eine Operation, doch als er am nächsten Tag aufwachte, fehlte sein linkes Auge: Der Arzt hatte einfach das gesunde herausgeschnitten. Datajis Verbrechen bestand alleine in seiner Zugehörigkeit zur schiitischen Bevölkerungsgruppe und einer gewissen Distanz zur regierenden Baath-Partei. Zum Verhängnis wurden ihm Gerüchte in der Nachbarschaft. »Parteimitglieder haben mich gefragt, warum ich nicht in der Baath-Partei bin und auch keines meiner Familienmitglieder. Sie warfen mir vor, zur Opposition zu gehören«, so Dataji. Eines Tages im Jahre 1994 stürmte die Geheimpolizei das Haus der Familie, Dataji und sein 24-jähriger Neffe wurden verhaftet. Der junge Mann wurde wenige Monate später aufgehängt, Dataji musste weiter leiden.[16]

Tausende Geschichten wie jene von Kadim Sabbit al-Dataji kursieren im Irak, und sie alle werden erzählt werden müssen, um die Wunden zumindest politisch heilen zu lassen und jene vor Gericht stellen zu können, die sich dieser Verbrechen schuldig gemacht haben. Verbrechen nämlich waren es nicht allein nach westlichen Maßstäben, selbst laut irakischer Legislative war Folter ein schweres Delikt. Artikel 22 der Provisorischen Verfassung des Irak sieht vor, dass »die Würde des Menschen unantastbar ist« und den Bürgern keine »psychischen oder physischen Verletzungen« zugefügt werden dürfen. Gleichzeitig werden im irakischen Strafgesetzbuch Folterern schwere Strafen angedroht: Jeder Beamte, der selbst Folter anwendet oder sie anordnet, um Geständnisse zu erpressen, wird »mit Gefängnis bestraft«, heißt es in Artikel 333 des Strafgesetzbuches.

Im Irak aber war dies offensichtlich totes Recht: »Amnesty International verfügt über keine Informationen, wonach Folterer vor Gericht gebracht wurden.«[17] Daraus und aus der Systematik, mit der Folter im Irak angewandt wurde, schließt die Menschenrechtsorganisation, dass »Folter die Akzeptanz der höchsten Stellen« erfuhr. Immerhin aber liefert das Verbot der Folter im irakischen Strafgesetzbuch einer wieder aufgebauten Justiz das nötige Instrumentarium, Saddams Schergen nach vorhandener Gesetzgebung verfolgen zu können. Die Schaffung eigener Tribunale wäre also eigentlich nicht notwendig. Zudem könnte die Einrichtung amerikanisch beeinflusster Tribunale für die ehemaligen Folterer von den Irakern leicht als »Siegerjustiz« interpretiert werden und damit als unerwünschter Import westlicher Maßstäbe.

Amputation als Strafe

Systematische Folter während der Inhaftierung war nicht die einzige Grausamkeit, die das irakische Regime zum Machterhalt und zur Abschreckung seiner Bürger vor oppositionellen Umtrieben oder Verbrechen benutzte. 1994 erweiterte man den Katalog der Strafen um besonders grausame Formen der Amputation von Gliedmaßen – eine Maßnahme, die ebenfalls darauf abzielte, die notorisch überbelegten Gefängnisse zu entlasten und gleichzeitig äußerst eindrucksvolle Exempel zu statuieren. Vielleicht war es auch ein Kalkül des Regimes, durch die Integration von solchen Elementen der islamischen Scharia die feste Verwurzelung des Regimes im Islam zu betonen. Bei insgesamt rund 30 strafrechtlichen Vergehen drohte die Amputation einer Hand oder eines Fußes. Gleichzeitig wurde die Desertion von einer Einheit der Armee drakonisch bestraft: Deserteuren oder Soldaten, die sich auch nur für kurze Zeit unerlaubt von ihrer Einheit entfernten, konnte ein Ohr amputiert werden.

So geschah es mit Ali Khadem Ghanem: Wenn er den Kopf leicht zur Seite dreht, sind dort, wo für gewöhnlich das Ohr sitzt, nur Narben zu sehen. 1992 desertierte der damals 18-jährige von seiner Armeeeinheit und lebte zwei Jahre im Untergrund. Als Saddam Hussein 1994 eine Amnestie für alle Deserteure aussprach, kehrte Ghanem unbehelligt zur Armee zurück. Doch als Ghanem im September 1994 abermals für eine Woche die Armee verließ und danach wieder zurückkam, lag bereits der Befehl Saddam Husseins vor, allen Deserteuren ein Ohr abzuschneiden. Die Militärärzte gaben ihm eine Narkose, und als er wieder erwachte, war die rechte Hälfte seines Kopfes einbandagiert. »Ich begann zu weinen.« Zwei seiner Freunde erging es nach einer ähnlichen Disziplinierungsmaßnahme noch schlechter: Sie starben, weil sich die Wunden entzündet hatten. »Hunderten erging es wie mir«, sagt Ghanem – eine Aussage, die auch von den Berichten verschiedener Menschenrechtsorganisationen gestützt wird: Rund 800 Deserteure sollen allein 1994 Opfer dieser Ohramputationen geworden sein.

Ärzte, die sich weigerten, solche Amputationen vorzunehmen, wurden ihrerseits mit Gefängnis bedroht. Als Saddam Hussein die Amputation verschiedener Körperteile als probates Mittel der Bestrafung ersann, weigerten sich neun Ärzte in Bagdad, entsprechende Operationen durchzuführen. Sie wurden inhaftiert.[18] Im August 1996 informierte die irakische Regierung Menschenrechtsgruppen, dass die Ohramputationen eingestellt werden – nach zwei Jahren unendlichen Leids.

Andere Grausamkeiten gehören erst mit dem Ende von Saddams Regime der Vergangenheit an: Das Herausschneiden der Zunge – vorwiegend bei Oppositionellen – wurde nach Medienberichten auch noch kurz vor Beginn des Krieges, der das Regime hinwegraffen sollte, angewandt: Am 5. März 2003, gerade mal 15 Tage vor Beginn der Bombardements der US-Streitkräfte, umstellten die Fedajin Saddam, jene paramilitärischen Kräfte, die Saddams Sohn Udai Hussein befehligte, ein Wohnviertel in Bagdad und befahlen den Einwohnern, ihre Treue zum Staatspräsidenten zu beweisen, indem sie etwa Fotos Saddams aus ihren Häusern brachten und vorzeigten. Der 23-jährige Farris Salman wurde von mehreren schwerbewaffneten Paramilitärs festgehalten, ein weiterer Milizionär schnitt ihm mit einem Teppichmesser einen Teil der Zunge heraus. Was dann geschah, beweist, dass dieser grausame Akt wohl der politischen Erziehung der Nachbarschaft dienen sollte: Einer der Milizionäre hielt das herausgeschnittene Stück Zunge hoch und schrie: »Seht ihr das? Das geschieht jedem, der es wagt, den Präsidenten zu beleidigen!« Kurz bevor die Milizionäre wegfuhren, kündigten sie noch an, einen Teil der Zunge Udai Hussein, Saddams erstem Sohn, als Geschenk zu überbringen.

Für immer verschollen

Kurz nach der Befreiung vom Joch Saddam Husseins herrschte in Bagdad immer wieder große Aufregung unter der Bevölkerung, weil Gerüchte über unterirdische geheime Gefängnisse und Massengräber sich wie ein Lauffeuer verbreiteten. Unter der Rasendecke beinahe jedes Parks wurden Gräber von Opfern des Saddam-Regimes vermutet, immer wieder hörten Menschen aus den Ruinen der zerbombten Geheimdienstzentralen Hilfeschreie. Noch Wochen nach der letzten Bombardierung Bagdads mussten die US-Besatzer beinahe täglich mit Bergungspanzern und schwerem Gerät anrücken, um Hinweisen auf ehemalige Häftlinge des Regimes zu folgen, die in geheimen Verliesen noch auf ihre Befreiung warteten. Meist ohne Erfolg.

Es wird vermutlich Jahre dauern, bis Bilanz gezogen werden kann über jene Tausende Iraker, die in den Jahren der Herrschaft Saddam Husseins schlicht verschollen sind. Allein während der »Anfal«-Kampagne der irakischen Streitkräfte gegen kurdische Rebellen im Jahre 1988 verschwanden nach amerikanischen Angaben 16 496 Menschen, deren Schicksal bis heute ungeklärt ist. Schon 1983 unternahm die irakische Armee eine Strafexpedition gegen Sympathisanten und Mitglieder des Clans von Kurdenführer Massud Barzani: Laut Amnesty International sind während dieser Strafexpedition rund 8 000 Menschen verschwunden – 315 davon waren Kinder. Saddam Hussein persönlich zeigte sich erfreut von dieser Operation und warnte gleichzeitig seine Gegner: »Wir werden diejenigen bestrafen, die mit Barzani zusammenarbeiten, so wie wir schon jetzt alle bestraft haben, die mit ihm zusammenarbeiten. Sie alle wurden schwer bestraft und sind zur Hölle gegangen.«[19] Als sich irakische Truppen 1991 aus Kuwait zurückziehen mussten, verschwanden 603 Kuwaitis spurlos – nur das Schicksal von drei von ihnen ist bis heute geklärt. Der Iran wiederum verlangt bis heute Aufklärung über das Schicksal von rund 5 000 iranischen Kriegsgefangenen während des Konflikts zwischen beiden Staaten in den Jahren 1980 bis 1988.

Bis zum Ende des Golfkrieges 1991 beschränkte sich das Regime vor allem darauf, seine »äußeren Feinde«, also Iraner, Kuwaitis oder Kurden, einfach verschwinden zu lassen, doch danach blieben auch die Iraker selbst nicht mehr davon verschont, Teil des namenlosen Elends in Massengräbern oder in den dunklen Winkeln der Gefängnisse zu werden. Selbst Prominenz verschwand: Am 14. April 1991 wurde der Journalist und Autor Aziz al-Sayyid Jassem verhaftet, weil er sich weigerte, die üblichen Lobhudeleien auf das militärische Geschick der Staatsspitze im Golfkrieg 1991 zu schreiben. Als 1993 verschiedene westliche Menschenrechtsgruppen und arabische Berufskollegen Auskunft über das Schicksal Jassems verlangten, wurde dieses Begehren abgewiesen. Bis heute ist nicht gewiss, was mit dem damals 55-jährigen Publizisten geschah.

Selbst ein mehr oder minder unbedachtes Wort konnte ganze Familien ins Verderben führen: Ein Exil-Iraker etwa will von einem Schulbesuch Saddam Husseins wissen, bei dem der Diktator die kleinen Kinder zärtlich auf die Schoß nahm und sie fragte: »Was sagen deine Eltern denn, wenn sie mich im irakischen Fernsehen sehen?« Die meisten der Kinder antworteten pflichtgemäß, wie viel Liebe die ganze Familie für den Diktator empfand, bloß einer der Jungen meinte: »Sie spucken auf den Fernseher.« Die gesamte Familie des Kindes verschwand wenige Tage später spurlos.

Aller Wahrscheinlichkeit nach ist auch diese Familie Opfer der Allmacht Saddam Husseins geworden – wie Tausende andere. Denn immerhin: In der Disziplin des »Verschwindenlassens« von unliebsamen Personen war der Irak Weltspitze. Laut einer Bilanz der Vereinten Nationen verschwanden in keinem anderen Staat so viele Personen spurlos wie im Reich Saddam Husseins.

Späte Amnestie

Schon im Herbst des Jahres 2002 wurde offenbar, dass das irakische Regime das Werkzeug des »Verschwindenlassens« recht großzügig benutzt hatte: Am 20. Oktober 2002 verfügte Saddam Hussein eine Generalamnestie für alle irakischen Häftlinge – sowohl politische Gefangene als auch Kriminelle sowie Todeskandidaten profitierten von dieser Amnestie, nur für einige wenige Gruppen von Inhaftierten galt die Amnestie nicht. Nach Schätzungen von Amnesty International öffneten sich in diesen Tagen die Gefängnistore für rund 50000 bis 100000 Menschen. Doch gleichzeitig demonstrierten vor dem Informationsministerium in Bagdad völlig überraschend Menschen, deren Verwandte trotz Amnestie nicht nach Hause zurückgekehrt waren. Vielleicht werden sie erst in einigen Jahren und nach mühsamer Suche in den Archiven der irakischen Geheimdienste erfahren, was mit ihren Verwandten passiert ist. Dass die noch immer unter den Lebenden weilen, ist nicht allzu wahrscheinlich. »Nur Saddam Hussein und Gott können uns helfen«, meinte während der Demonstrationen ein verzweifelter Mann, der nach der Amnestie ebenfalls vergebens auf seine inhaftierten Verwandten wartete.[20]

Kapitel 2

Machtmaschine Saddam

Der Staat der Geheimdienste

Eines ist von Experten aller Couleur unbezweifelt: Saddams totalitärer Machtanspruch stützte sich einzig und allein auf die straffe Organisation seiner Geheimdienste und Spezialkommandos. Jeder Bereich des alltäglichen Lebens unterlag einem grauenvollen Wechselspiel aus Kontrolle und Repression. Spitzelwesen und Denunziantentum drangen selbst bis in die kleinsten Bereiche der traditionellen arabischen Familienstruktur ein, machten selbst vor ihren schwächsten Mitgliedern, den Kindern nicht Halt. So berichtete Amnesty International bereits 1989 von Gewaltorgien, in denen irakische Sicherheitskräfte mit unvorstellbarer Brutalität gegen Kinder vorgingen. In Anwesenheit von Verwandten sollen demzufolge Hunderten von Kindern die Augen ausgedrückt worden sein, um von den Familienmitgliedern verwertbare Geständnisse zu erpressen.[1]

Die größte und am meisten gefürchtete Organisation war der Mukhabarat *(al-Mukhabarat al-A'ma)*, der Geheimdienst der regierenden Baath-Partei. Offiziell dem Innenministerium unterstellt und in die Bereiche Inneres und Äußeres gegliedert, lag der Aufgabenbereich dieser straff gegliederten Organisation in der Überwachung und Kontrolle der anderen Geheimdienste, der Bespitzelung von Parteimitgliedern und der Regierung selbst als auch in der Auslandsspionage. Auch die zahlreichen Massenorganisationen unterlagen der rigiden Kontrolle des Mukhabarat. »Dieser besondere Sicherheitsapparat, der nur aus Parteimitgliedern besteht, hat sich in den letzten Jahren zu einem Modell an Effizienz, Loyalität gegenüber der Führung und Präzision bei der Durchführung seiner Sicherheitsaufgaben entwickelt. Obwohl das Personal dieser Einrichtung vor der Revolution keine Erfahrung in Sicherheitsfragen hatte, haben die Genossen die Kunst dieser Arbeit durch Herumprobieren erlernt. Dabei erwiesen sie sich als sehr erfolgreich bei der Aufdeckung, Unterdrückung und Liquidierung von ausländischen wie einheimischen Verschwörungen. Eine wichtige Rolle spielte der Dienst auch bei der Enttarnung von Spionagenetzen«, wie es in einem Dokument der Baath-Partei heißt.[2]

Was die eingeschworenen Mitglieder der Baath-Partei unter Herumprobieren verstanden, geht auf eine lange Tradition zurück. Bereits vor der Machtergreifung der Baath-Partei im Jahre 1968 verfügte diese damals noch geheime oder halb geheime Organisation über einen eigenen Geheimdienstflügel. Dieser »Spezielle Apparat« *(al-Jihaz al-Khass),* vielfach auch als »Apparat des Kummers« (Jihaz Hanin) bezeichnet, wurde von 1964 bis 1966 von niemand Geringerem als Saddam Hussein persönlich geleitet. Genau zu jener Zeit sammelte der spätere Diktator Saddam Hussein erste tiefgreifende Erfahrungen in konspirativer Arbeit und legte letztendlich durch die Überwachung der Neuorganisation des Jihaz al-Khass den Grundstein für seine Machtbasis innerhalb der Baath-Partei. Diese Neuorganisation war vor allem dadurch notwendig geworden, weil sich Parteimitglieder im Laufe der Zeit verselbstständigten und zu einer Bedrohung für die Parteiführung wurden. Jene Bedrohung gipfelte erstmals im Jahre 1973 in einem letztendlich gescheiterten Putschversuch. Husseins sorgfältig geplante Neuorganisation der Geheimorganisation schaffte also auch die Basis für das lange Überleben des Baath-Regimes.

Wesentlicher Bestandteil des Machterhalts waren neben den zahlreichen Sicherheitsdiensten, Polizeiapparaten und Milizen die gegenseitige Kontrolle und Bespitzelung der Dienste untereinander. So erschienen die Sicherheitsapparate wie konzentrische Kreise, deren Durchdringung nur schwer bis gar nicht möglich war. In diesem Sinne hatte Saddam Hussein ganze Arbeit geleistet. Die wichtigsten und geheimsten Informationen wurden nur ihm selbst oder seinem engsten Führungszirkel zugänglich gemacht. Auch der stetige Austausch wichtiger Führungsmitglieder oder die Besetzung hochsensibler Bereiche durch Verwandte und Clanmitglieder stärkten dieses engmaschige System der gegenseitigen Bespitzelung. Mukhabarat-Mitglieder waren in allen Bereichen des politischen und sozialen Lebens anzutreffen. Sie arbeiteten in verschiedenen staatlichen Organisationen, wirtschaftlichen und politischen Vereinigungen und im diplomatischen Korps. Ein wesentlicher Unterschied des Mukhabarat zu anderen Geheimdiensten lag nicht nur in seiner undurchdringlichen und speziellen Organisationsstruktur begründet, sondern auch in der Tatsache, dass es sich in erster Linie um eine politische Organisation handelte, deren Hauptaufgabe schlicht und einfach in der rigiden Durchsetzung des Willens der Partei bestand.

Aber auch in äußeren Angelegenheiten wurde der Mukhabarat aktiv. So wird allgemein der im Jahre 1993 verübte und letztlich fehlgeschlagene Anschlag auf den früheren US-Präsidenten George Bush senior und den Emir von Kuwait dieser Organisation angelastet. Ein weiteres Beispiel, wie gut der irakische Geheimdienst auch im Ausland organisiert war, zeigt der Fall Gietler. Der Deutsche, der zum Islam konvertiert war, arbeitete im Auswärtigen Amt und war ab dem Jahr 1987 auch für den irakischen Geheimdienst tätig. Nach eigenen Angaben kopierte und übergab er seinen irakischen Verbindungsleuten säckeweise sensible Dokumente. Seinen größten Coup landete Jürgen Mohammad Gietler jedoch kurz vor Beginn des zweiten Golfkrieges im Sommer 1990. Der damalige US-Präsident George Bush senior informierte seinen deutschen Verbündeten, Bundeskanzler Helmut Kohl, in einem geheimen Brief über die geplanten Aufmarschpläne zur Befreiung Kuwaits. Noch bevor Kohl den Brief in den Händen hielt, leitete ihn Gietler an irakische Geheimdienstmitarbeiter weiter. Auch der erste Entwurf von Kohls Antwort auf dieses Schreiben landete umgehend beim irakischen Geheimdienst. Anfang 1991 flog Gietlers Doppelspiel auf, und er wurde verhaftet. Kleines Detail am Rande: Noch während der Verbüßung seiner Haftstrafe hielt Gietler Vorträge beim Bundesnachrichtendienst. Selbst einen Monat vor dem Ende des Regimes von Saddam Hussein im April 2003 berichtet Gietler von einem Spitzel-»Nachfolger« im Auswärtigen Amt, den es »mit an Sicherheit grenzender

Wahrscheinlichkeit bis vor kurzem dort gegeben hat«.[3]

Eine gewichtige Rolle für den inneren Machterhalt im Irak spielte zweifellos der Istikhbarat *(al-Istikhbarat al-Askariya),* der Militärgeheimdienst. Im Laufe der Regentschaft Saddam Husseins kam es immer wieder zu Umsturzversuchen aus dem Militär. Genau dies sollte der Istikhbarat verhindern, indem die Militärs aller Ränge einer lückenlosen Kontrolle unterworfen waren. Ursprünglich unterstand der Militärgeheimdienst Istikhbarat dem Verteidigungsministerium, aber seit den frühen 80er Jahren berichtete er, wie fast alle anderen Geheimdienste auch, direkt dem Präsidenten. Der Mitarbeiterstab wurde auf 4000 bis 6000 Mann geschätzt.

Schon bei dem geringsten Verdacht gingen die Mitarbeiter des Istikhbarat mit unerbittlicher Härte gegen Soldaten vor. Auch bei militärischen Misserfolgen wie im ersten Golfkrieg gegen den Iran oder dem zweiten Golfkrieg 1991 mussten zahlreiche Militärs buchstäblich die Köpfe hinhalten. Als etwa im Jahre 1982 die militärischen Erfolge im Krieg gegen den Iran ausblieben, drohte die Situation zu eskalieren. In seinem absolutistischen Machtanspruch übernahm Saddam Hussein persönlich die Kontrolle über die Streitkräfte. Keine militärische Entscheidung an der Front konnte ohne seine Zustimmung getroffen werden, was die Beweglichkeit und Spontaneität einzelner Kampfverbände drastisch einschränkte. Empfindliche militärische Niederlagen waren die Folge. Als schließlich rund 300 Offiziere und Parteimitglieder Saddam aufforderten, seine militärische Strategie zu überdenken, wurden sie kurzerhand hingerichtet. Zur noch präziseren Überwachung der Armee installierte die Baath-Partei Anfang der 90er Jahre den *al-Amn al-Askariy*. Rund 5 000 Mann übernahmen eine zusätzliche Kontrollfunktion für das Militär. Sie spürten Dissidenten auf, unterbanden Korruption und politische Abweichungen in den Streitkräften.

Ein weiteres Aufgabengebiet des Istikhbarat lag aber auch in der Verwertung von wissenschaftlichen Erkenntnissen für militärische Zwecke. Zahlreiche Experten sind zudem davon überzeugt, dass die Unterstützung arabischer Terroristengruppen durch den Irak, wie etwa der Abu-Nidal-Gruppe oder palästinensischer Selbstmordattentäter, durch diesen Geheimdienst koordiniert wurde. Medienberichte, wonach Journalisten in einem zerbombten Geheimdienstgebäude in Bagdad beweiskräftige Dokumente für eine mögliche Zusammenarbeit zwischen dem Regime Saddam Husseins und dem Terrornetzwerk von Osama Bin Laden fanden, können nur mit Vorsicht interpretiert werden. Demnach soll der irakische Geheimdienst einen Stellvertreter Bin Ladens im Jahre 1998 nach Bagdad eingeladen haben. Das Treffen wurde als so erfolgreich gewertet, dass es um eine Woche verlängert wurde. Selbst ein möglicher Besuch von Osama Bin Laden in Bagdad sei nach den Berichten in Erwägung gezogen worden, letztendlich aber nicht zu Stande gekommen.[4]

Inspizierte Inspektoren

Wie wirkungsvoll das Zusammenspiel der verschiedenen Geheimdienstorganisationen tatsächlich funktionierte, wurde auch immer wieder bei der von der UNO geleiteten Suche nach Massenvernichtungswaffen deutlich. Während der ersten Periode der Waffeninspektionen in der Zeit von 1991 bis 1998 entwickelte sich die Suche nach den tödlichen Waffenbeständen zu einem regelrechten Katz-und-Maus-Spiel. Nach Angaben eines irakischen Exilpolitikers war Saddam Husseins Geheimdienstapparat meist gut informiert, wann und wo die Inspektoren auftauchen würden. Zwar wurden die Inspektionsziele unter den UNO-Kontrolleuren erst am Abend vor den geplanten Untersuchungen besprochen, doch sollen zumindest in einem Fall UNO-Dolmetscher für gutes Geld die Iraker von den geplanten Inspektionszielen informiert haben.[5]

Allerdings dürften die Inspektionen der UNSCOM (United Nations Special Commission) in den Jahren 1991 bis 1998 ohnehin zu einem Zweikampf der Geheimdienste des Irak und der USA ausgeartet sein: So wie der irakische Geheimdienst die Inspektoren ausspionierte, dürfte Washington einige Inspektoren dazu instrumentalisiert haben, Saddam Hussein auszuspionieren. Davon wenigstens will der ehemals leitende UN-Waffeninspektor Scott Ritter wissen: »Als die UNSCOM die Paläste Saddam Husseins inspizierte, wurden von den USA genau diese Informationen benutzt, um im Dezember 1998 im Rahmen der Operation ›Desert Fox‹ diese Paläste zielgenau bombardieren zu können.«[6]

Ein ähnliches Duell der Geheimdienste drohte auch bei den Inspektionen zur Jahreswende 2002/2003: Als die UN-Inspektoren neuerlich im Irak aktiv wurden, sollen Wissenschaftler und Militärbehörden über die jeweiligen Inspektionsziele informiert gewesen sein, wie dies kürzlich von sechs irakischen Wissenschaftlern unabhängig voneinander bestätigt wurde. Zwar gaben die Wissenschaftler an, nicht an Programmen zur Entwicklung von Massenvernichtungswaffen, sondern für zivile Projekte gearbeitet zu haben. Dennoch sollte biologisches und chemisches Material vor den UN-Inspektoren versteckt werden. »Eine Stunde bevor die Inspektoren in die Universität kamen, bekam ich einen Anruf vom Direktor«, erzählte etwa ein Professor für Biochemie der Saddam-Universität für Wissenschaft und Ingenieurswesen in Bagdad. »Die Order, die ausgegeben wurde, war, alle verdächtigen Materialien vor den Kontrolleuren zu verstecken oder zu zerstören«, gab ein Wissenschaftler an. Woher die Männer Saddams genau über Ort und Zeit der Inspektionen wussten, konnte sich der Mann jedoch nicht erklären.[7]

Aus amerikanischen Militärkreisen tauchte in diesem Zusammenhang immer wieder die Behauptung auf, dass irakische Offizielle nur durch gezielte Abhöraktionen über den Einsatzort der Inspektoren Bescheid wissen konnten. Anders hingegen sieht man das in den Reihen der Internationalen Atomenergiebehörde (IAEA). Laut IAEA fanden die Einsatzplanungen in abhörsicheren Räumen statt, und die Inspektoren selbst wurden erst eine halbe Stunde vor dem Einsatz über die aktuellen Ziele informiert. »Einzig der Einsatzleiter der Inspektoren war im Voraus über die Einsatzorte informiert«, behauptet IAEA-Sprecherin Melissa Fleming.[8]

Dass amerikanische Truppen bislang im Irak auch noch keine Massenvernichtungswaffen gefunden haben, obwohl von Saddams Geheimdienst nichts übrig ist, lässt allerdings den Schluss zu, dass es diese Waffen schlicht nicht gab und sie nur ein Vehikel der »Koalition der Willigen« waren, um ein plausibles Drohszenario aufzubauen.

Sicherheitsnetz Familie

Wie eng verflochten und loyalitätsabhängig die Spitze der irakischen Führung war, zeigt sich nicht nur in politischen Ämtern, sondern auch in den geheimdienstlichen Organisationen. Üblicherweise wurden Spitzenfunktionen nur an Personen vergeben, deren absolute Regimetreue nicht bezweifelt wurde. So fanden sich in den Führungsetagen nicht nur zahlreiche Verwandte von Saddam Hussein, sondern auch zahlreiche Mitglieder des Tikriti-Clans aus der Geburtsstadt Saddam Husseins.

Einen der repressivsten Geheimdienste, den *al-Amn al-Khas,* die irakische Sicherheitssonderpolizei, leitete Saddams jüngerer Sohn Kusai. Anders als sein Bruder Udai leistete sich Kusai nur wenige öffentliche Eskapaden und galt Saddam als Garant für restriktive Machtkontrolle. Gegründet wurde der Amn al-Khas gegen Ende des Iran-Irak-Krieges und entwickelte sich schnell zu beachtlicher Größe. Die Aufgabengebiete umfassten den persönlichen Schutz der Baath-Führung sowie Saddam

Husseins selbst, zudem war er für die Weiterentwicklung der irakischen Waffenprogramme zuständig. Darunter fiel selbstverständlich auch die Planung oder Produktion von nuklearen, chemischen und biologischen Waffensystemen. Kusai Hussein nahm bis zuletzt eine Sonderstellung in der irakischen Geheimdienstarchitektur ein und war einzig und allein seinem Vater weisungsgebunden.

Eng verflochten war der Amn al-Khas auch mit den Republikanischen Garden. Diese Spezialeinheit einschließlich der Speziellen Republikanischen Garden, die einzig und allein zu Saddams persönlichem Schutz abgestellt waren, wurde selbst von westlichen Militärexperten gefürchtet. Die Anzahl ihrer Mitglieder schätzt etwa Victor Gubareff, Direktor beim US-Think-Tank »stratfor«, zwischen 85 000 und 125 000 Mann. Hoch spezialisiert und gut ausgebildet, konnte diese Sondereinheit alle Waffensysteme der regulären Armee benutzen. Insgesamt konnten die Republikanischen Garden auf rund 1200 Panzer, mehr als 2000 gepanzerte Fahrzeuge, Artilleriegeschütze, Luftabwehrkanonen und Tausende von Granatwerfern zurückgreifen. Zwar stammte das Gros des Kriegsgeräts aus der damaligen Sowjetunion, dennoch stellten die Republikanischen Garden ein enormes militärisches Gefahrenpotenzial dar.[9]

Wann immer Saddam Hussein in der Öffentlichkeit auftauchte, war der Kommandant der ersten Schutztruppe der Speziellen Republikanischen Garden 48 Stunden im Voraus informiert. Ganze Stadtteile wurden abgeriegelt und die Einheiten der regulären Armee in der näheren Umgebung aus Angst vor Attentatsversuchen kurzerhand entwaffnet. Der Sold dieser Spezialeinheiten war um das Sechsfache höher als jener der regulären Soldaten. Bei besonderen Anlässen, wie etwa an Saddam Husseins Geburtstag, wurden die Elitekämpfer mit Geschenken wie Autos oder Grundstücken überhäuft. Während der Großteil der Republikanischen Garden über eigene Kasernen verfügte, residierten die Speziellen Republikanischen Garden in den Präsidentenpalästen und konnten allerlei Annehmlichkeiten genießen. Es gab Schießklubs, eigene Kantinen, Kegelbahnen, Kinos und Tischtennisanlagen.[10]

Terrortrupp Fedajin Saddam

Dass es mit der bedingungslosen Treue letztendlich doch nicht so weit her war, zeigten die Ereignisse im April 2003. Als amerikanische Truppenverbände immer näher gen Bagdad vorrückten, war von den Republikanischen Garden nicht viel zu sehen. Ins Zentrum der Aufmerksamkeit rückte während jener Zeit auch die paramilitärische Miliz, Fedajin Saddam. Diese »Märtyrermiliz« wurde bereits 1995 von Saddams älterem Sohn Udai ins Leben gerufen, der sie anfangs auch befehligte. Kurzzeitig enthob Saddam Udai jedoch seines Kommandos, weil dieser angeblich militärisches Equipment der Republikanischen Garden ohne sein Wissen den Fedajin Saddam zur Verfügung gestellt hatte. Wenige Zeit später revidierte Saddam seine Entscheidung. Der irakischen Bevölkerung waren die Fedajin nicht nur durch ihre tiefschwarze Kleidung und öffentlichen Saddam-Treueschwüre, sondern auch durch ihre theatralisch inszenierten Hinrichtungsorgien bekannt. Verurteilte Delinquenten wurden auf städtischen Plätzen mit übergroßen Säbeln auf brutalste Weise enthauptet. Über die genaue Stärke der Fedajin Saddam gibt es bis heute nur Schätzungen: Sie reichten von 18 000 bis 40 000 Mann. Vornehmlich bestanden die Fedajin aus jungen Soldaten.

Garant für die Macht

Internationale Experten sind sich in der Analyse der Bedeutung und Anzahl der wichtigsten Geheimdienstorganisationen uneins. Im Allgemeinen variiert ihre Zahl von sechs bis neun. Neben offiziellen Geheimdienstmitarbeitern und paramilitärischen Einheiten war der Alltag im Irak auch von einem gut organisierten Spitzelwesen durchdrungen. Alle Mitglieder der Partei waren angehalten, jegliche Abweichung von der Parteilinie zu melden. Dass Saddam Husseins Regime so viele Jahre überleben konnte, lag nicht nur an den perfekt organisierten Geheimdienststrukturen, sondern auch am Organisationsgrad der Baath-Partei. Vor allem in der Zeit vor der Revolution war eine geheime bis halb geheime Organisationsform der Partei notwendiger Garant, um in konspirativer Weise gegen die gerade aktuelle Regierung vorgehen zu können. Die ursprüngliche Organisationsform der Baath-Partei entsprach einer Zellenstruktur. Unabhängige Kleinzellen operierten im ganzen Land. Diese Zellen hielten nur durch wenige auserwählte Führungspersonen Kontakt untereinander. Eine ähnliche Strukturierung weist auch das Terrornetzwerk al-Quaida von Osama Bin Laden auf. Jenes System der Geheimhaltung und Kontrolle sollte bis zum Sturz Saddam Husseins Markenzeichen der Baath-Partei bleiben.

Selbst nach der erfolgreichen Revolution blieb die Anzahl der Parteimitglieder durchaus überschaubar. Vom einfachen Sympathisanten bis zur Vollmitgliedschaft war ein langer, genau vorgezeichneter Weg zurückzulegen. Die Baath-Partei konnte und wollte keine andere Meinung dulden. Einig waren sich die Parteimitglieder in ihrem Bekenntnis zum nationalen Panarabismus mit dem Irak als führende Nation gepaart mit sozialistischem Gedankengut. Später erleichterte die Parteiführung den Zugang zu ihren Gremien, und die Mitgliederzahl stieg sprunghaft an. Das stete Anwachsen der Mitgliederzahl war von der Parteiführung sogar ausdrücklich erwünscht, wie es aus einer Rede von Saddam Hussein im Jahre 1979 deutlich hervorgeht: »Wäre ich nicht schon Baathist, so würde ich es heute werden. Zögert also bitte nicht, heute in die Partei einzutreten. Wir werden niemanden aus dem Schiff der Partei ausschließen. Das Schiff ist heute so groß, so groß wie der Irak selbst. Das Schiff trägt alle Baathisten, die in der Partei organisiert sind, und alle, die zu dieser Nation gehören und noch nicht organisiert sind.«[11]

Obwohl die angegebenen Zahlen unterschiedlich sind, schätzen Experten, dass bereits im Jahre 1980 rund zehn Prozent der irakischen Bevölkerung Mitglieder der Baath-Partei waren. Dass auch innerhalb der Partei und vor allem durch die Parteimitglieder ein ausgeklügeltes und gut funktionierendes Spitzelwesen im ganzen Land geschafften wurde, ist hinlänglich bekannt. Jedes Mitglied musste sich bedingungslos der Partei verschreiben. Auch für Ausnahmefälle, sei es durch innere oder äußere Bedrohungsszenarien, hatte die Parteiführung einen genau einzuhaltenden Verhaltenskodex entwickelt. Bei drohender Gefahr waren die Mitglieder aufgefordert, sich allzeit bereit zu halten. Die zweite Warnstufe verlangte den Mitgliedern eine erhöhte Aufmerksamkeitsbereitschaft ab. Im Fall der Fälle mussten die Parteimitglieder gemeinsam mit den Sicherheitskräften auf bewaffnete Patrouillen gehen.

Aber nicht ausschließlich die Partei und die Sicherheitsdienste gewährleisteten Saddams Machterhalt. Große Teile der irakischen Bevölkerung waren in Massenorganisationen eingegliedert. Die Laufbahn eines regimetreuen Irakers begann bereits im Kindesalter. Erste Station waren die »Pioniere«. In dieser Organisation wurden sechs- bis zehnjährigen Kindern unter ständiger Überwachung die Regeln der Partei gelehrt. Zehn- bis fünfzehnjährige Jugendliche waren in der so genannten »Avantgarde« organisiert. Sportliche, kulturelle oder wissenschaftliche Veranstaltungen dienten als Programm. Schließlich gab es noch die »Futuwwa«, in der Fünfzehn- bis Zwanzigjährige an gemeinsamen Aktivitäten teilnahmen. Es ist fast überflüssig hinzuzufügen, dass die Mitglieder dieser Jugendorganisationen Uniformen trugen und beim Eintritt in diese Gruppierungen einen Treueschwur auf den Staat abzuleisten hatten. Nebenbei gab es selbstverständlich auch alle anderen Arten von Massenorganisationen wie Berufsverbände, Studentenorganisationen oder Gewerkschaften.

Von besonderer Bedeutung für die Baathisten war überdies die »Union der irakischen Frauen«. In allen Provinzen des Irak war diese Union präsent. Selbst in kleinsten Dörfern gab es Vereinslokale. Zweck der »Union der irakischen Frauen« war in erster Linie die Schaffung eines neuen Selbstverständnisses der modernen irakischen Frau. Im Gegensatz zu anderen arabischen Nationen versuchte die Baath-Partei die Rolle der Frau innerhalb der irakischen Großfamilien zu stärken. Die »Union der irakischen Frauen« startete Alphabetisierungskampagnen, führte kulturelle und soziale Veranstaltungen durch und schwor ihre Mitglieder in politischen Veranstaltungen auf die Ideologie der herrschenden Baath-Partei ein. Derartige »von oben« verordnete »Diskussionsveranstaltungen« fanden in Frauenzentren oder in Fabriken statt. Natürlich kann auch hier von freier Meinungsbildung und Meinungsäußerung keine Rede sein. Ranghohe Parteimitglieder waren immer zugegen.

Die Baath-Partei und ihre ideologischen Kontrollorgane waren im Irak allgegenwärtig und schafften innerhalb der Bevölkerung ein Klima von Angst und Schrecken. Wann immer sich jemand kritisch oder nachdenklich über Saddam Hussein und das Regime äußerte, musste er damit rechnen, inhaftiert, gefoltert oder gar hingerichtet zu werden. Selbst ein einfacher Witz über den herrschenden Tikriti-Clan konnte ein Todesurteil zur Folge haben. Wer nicht hundertprozentig für die Partei war, war gegen sie. Exil-Iraker berichteten sogar von Fällen, in denen Menschen verhaftet wurden, weil an den Wänden ihres Wohnzimmers kein Porträt des geliebten

Führers Saddam Hussein hing. Der tödlichen Spirale von Kontrolle, Gewaltandrohung, Unterdrückung und Repression war die irakische Bevölkerung jahrzehntelang beständig ausgesetzt.

Glasnost auf irakisch

Wenige Monate vor Beginn des jüngsten Krieges jedoch versuchte das Regime Saddam Husseins, die eigene Bevölkerung durch eine nach innen gerichtete Beschwichtigungspolitik gefügig zu machen, um sich so zumindest der Loyalität des Volkes im Falle eines militärisch ohnehin aussichtslosen Kampfes zu versichern. So wurde etwa ab Oktober 2002 nicht mehr die bisher obligatorische Gebühr eingehoben, die alle Iraker an den Staat zu zahlen hatten, die ausreisen wollten: 200 US-Dollar waren in diesem Fall zu berappen, was den Gang ins Exil für die meisten Iraker zu einem nicht bezahlbaren Unterfangen machte. Gleichzeitig wurde auch der bis dahin äußerst eingeschränkte Zugang zum Internet für die Bevölkerung gelockert – davor waren die Segnungen der modernen Kommunikation praktisch auf das Versenden und den Empfang von E-Mails beschränkt. Eine Verbesserung der Infrastruktur und der kommunalen Dienste sowie ein Bauboom in Bagdad sollten ebenfalls dazu beitragen, der Bevölkerung ein verbessertes Lebensgefühl zu bescheren.

Die Beschwichtigung der eigenen Bevölkerung gipfelte in jenem Referendum im Oktober 2002, bei dem Saddam Hussein mit – wenig überraschenden – 100 Prozent der

Stimmen erneut für sieben Jahre in seinem Amt als Staatschef bestätigt wurde. Der Tyrann selbst gab wenige Wochen vor Beginn des Krieges in einem legendären Interview mit dem CBS-Reporter Dan Rather indirekt zu, dass die Ergebnisse des Referendums eher relativ gesehen werden müssten, war aber gleichsam überzeugt davon, immer noch die Mehrheit der Iraker hinter sich zu haben: »Ich weiß, diese Ergebnisse müssen sehr seltsam auf Sie wirken, sie müssen das, weil Sie so etwas nicht gewöhnt sind, und ich kann das verstehen. Aber selbst wenn Sie einen gewissen Teil der Stimmen wegnehmen, werden Sie immer noch einen hohen Prozentsatz der Bevölkerung finden, der für meine Wiederwahl stimmt.«[12] Im Jahre 1995 hatte Saddam Hussein bei einem Referendum über die Verlängerung seiner Amtszeit »nur« 99,96 Prozent der Stimmen erreicht.

Einen der bemerkenswertesten Schritte vollzog das Regime, als es im Herbst 2002 begann, über eine sanfte Liberalisierung des politischen Systems nachzudenken und insbesondere Dissidenten innerhalb der regierenden Baath-Partei zu überzeugen, wieder in die Gefolgschaft Saddam Husseins einzutreten. Der stellvertretende Regierungschef Tarik Aziz, einziger Christ innerhalb des Saddam-Führungszirkels und vor allem für die westliche Öffentlichkeit das menschliche Antlitz des unmenschlichen Regimes, sprach bei seinen Reisen mehrmals die Möglichkeiten an, eine »demokratische Transformation im Irak« zu beginnen.

Angeblich kam es gar zu Treffen mit Vertretern der Opposition: Ende November 2002 trafen Vertreter der »Irakischen Nationalen Allianz« unter Führung des ehemaligen Baath-Mitglieds Abdul Jabbar al-Kubeisi mit dem irakischen Vizepräsidenten Izzat Ibrahim zusammen, um mit dem Saddam-Getreuen die Grundlage für eine neue Verfassung des Irak zu besprechen. Diese neue Verfassung sollte »Pluralismus und bürgerliche Freiheiten wie etwa Pressefreiheit garantieren«, so al-Kubeisi. Schon den ganzen Herbst über soll es in verschiedenen europäischen Hauptstädten zu ersten Sondierungsgesprächen zwischen der Gruppe al-Kubeisis und Vertretern der irakischen Regierung gekommen sein. Allerdings war der Wille des irakischen Regimes, sich mit der Opposition zu arrangieren, auch nicht überzubewerten: Die »Irakische Nationale Allianz« al-Kubeisis verlangte zwar eine Demokratisierung des Irak, forderte aber dezidiert nicht das Ende Saddam Husseins und seines Regimes. Glasnost auf Irakisch eben, mehr aber auch nicht.[13]

Ein anderer Trick des Regimes, die Iraker zu besänftigen, lag darin, die traditionellen arabischen Clanstrukturen verstärkt zu berücksichtigen und parallel dazu das staatliche Management auf ein Mindestmaß zurückzufahren. Besondere Auswirkungen etwa hatte das auf das bislang unerbittliche Justizsystem des Landes. »Die Justizbehörden überlassen jetzt ein gut Teil ihrer eigentlichen Arbeit der privaten Gerichtsbarkeit der jeweiligen Stämme«, sagte ein Anwalt in Bagdad im Herbst 2002.[14]

Trotz dieser Versuche des Regimes, durch semidemokratische Reformen die Loyalität der Bevölkerung zu retten und damit einen Machterhalt Saddam Husseins über einen realistischerweise nicht zu gewinnenden Krieg hinaus zu sichern, nützte dies alles beim Volk nichts mehr:

Ein Report der International Crisis Group[15] vom Dezember 2002 beschreibt die Stimmung in Bagdad so: »Iraker haben der International Crisis Group erzählt, dass sie alle Zukunftspläne vorerst einmal bis ›zum Tag danach‹ gestoppt haben.« Eine Frau in Bagdad erklärte den Analysten des Brüsseler Think-Tank, sie habe die Pläne, ihre Söhne in den USA zu besuchen, verworfen, weil es so aussehe, als könnten ihre Söhne bald sie besuchen.

Gleichzeitig war in den Monaten vor dem Krieg wenig von jenem Patriotismus zu spüren, den Saddam Husseins Regime den Irakern zwecks höherer Verteidigungsmoral eintrichtern wollte. Ein Student drückte das so aus: »Keiner glaubt mehr an dieses Land. Jeder möchte es verlassen, komplett vergessen, seine Identität ändern und ein neues Leben beginnen.« Ein Architekt in Bagdad brachte seine Gefühle zu einer US-Invasion sehr offen auf den Punkt: »Wir haben nichts zu verlieren, schlechter als jetzt kann es nicht werden. Sehen Sie sich die benachbarten Golfstaaten an: Ihre Regime sind gegenüber den USA unterwürfig, aber den Menschen geht es wesentlich besser als uns.«[16] Freilich: nachdem die US-Streitkräfte die irakische Hauptstadt eingenommen hatten, brachen klassische antiamerikanische Ressentiments hervor, die von religiösen Führern im Irak auch gezielt instrumentalisiert wurden. Dass die Iraker die Amerikaner in Bagdad nicht uneingeschränkt freudig aufnahmen, hatte wohl auch damit zu tun, dass das US-Militär zwar grandios vorbereitet war, einen Krieg zu gewinnen, aber nicht unbedingt darauf, das Leben einer Stadt aufrechtzuerhalten und Plünderungen und andere Gewalttaten zu verhindern.

Zwar waren die Iraker vor dem Krieg angewiesen, an Demonstrationen gegen die drohende US-Invasion und gegen den »Satan USA« teilzunehmen, doch gleichzeitig verbanden Iraker mit dem militärischen Angriff der USA auf ihr Land auch Hoffnungen. Eine ältere Frau erzählte den Analysten der International Crisis Group, sie hoffe, dass bei dem Waffengang niemand getötet werde, weil die USA ja Kampfstoffe einsetzen, die die irakische Armee einfach einschläfern. Und wenn die Soldaten dann aufwachen, ist schon alles vorbei. Wie wir wissen, kam es anders.

An den Krieg gewöhnt

Am 20. März, 1.15 Uhr mitteleuropäischer Zeit, sollte der Krieg schließlich beginnen. Genau zu jener Zeit erteilte der amerikanische Präsident George W. Bush den Angriffsbefehl. Die erste militärische Handlung der amerikanischen Militärs war aber wider Erwarten nicht eine groß angelegte Luftoffensive, sondern ein gezielter Raketenangriff. Nach Informationen des CIA-Chefs George Tenet war der amerikanische Geheimdienst überzeugt, den genauen Aufenthaltsort Saddam Husseins und seiner Söhne zu kennen. Mit einem schnellen Enthauptungsschlag wollte man die irakische Führung ausschalten. Als die ersten bunkerbrechenden Raketen in ein irakisches Regierungsgebäude einschlugen, war das 48-stündige US-Ultimatum an Saddam Hussein, den Irak zu verlassen, noch nicht einmal abgelaufen. Selbst Bushs engster Verbündeter, der britische Premierminister Tony Blair, wurde über den Angriffsbeginn erst informiert, als mehrere Dutzend US-Raketen auf der Suche nach ihrem Ziel waren: Saddam Hussein.

Wenige Stunden nach den ersten Explosionen in Bagdad erklärte George W. Bush in einer vierminütigen Fernsehansprache dem Irak indirekt den Krieg. »Wir kommen in den Irak als Befreier. Unsere Truppen werden zurückkehren, sobald ihre Aufgabe erfüllt ist. Wir begegnen der Gefahr, die von Iraks Massenvernichtungswaffen ausgeht. Nun ist der Konflikt da. Wir werden kein anderes Ergebnis als den Sieg akzeptieren«, verkündete Bush wörtlich.[17] Gewiss: dass die erdrückende militärische Überlegenheit der US-geführten Allianz letztendlich erfolgreich sein würde, bezweifelte zu Kriegsbeginn niemand. Einzig die Dauer der militärischen Auseinandersetzung wurde zum Gegenstand heftiger Diskussionen westlicher Militärexperten.

Die Iraker antworteten auf das beginnende US-Bombardement wie erwartet und feuerten die ersten Raketen in Richtung Kuwait – jedoch ohne nennenswerten Erfolg. Wenige Stunden später startete die westliche Allianz auch ihre Bodenoffensive. Britische und amerikanische Spezialeinheiten überquerten die Grenze zum Irak von Kuwait aus. Für die irakische Bevölkerung begann erneut eine Zeit der Ungewissheit. So zynisch es klingen mag, im Irak hatte man sich an Krieg längst gewöhnt. Seit mehr als zwanzig Jahren ist dieses Land von kriegerischen und inneren Auseinandersetzungen zerrüttet. »Wir haben in den letzten Jahren so viele Kriege erlebt. Wir haben keine Angst mehr davor. Das irakische Volk wird auch diesen Krieg überleben«, reagierte etwa der chaldäische Erzbischof von Basra, Gabriel Kassab, resignierend.[18]

Während der Vormarsch der Allianz anfangs gut voranging, musste die irakische Bevölkerung in fast allen großen Städten des Landes ein wochenlanges Bombardement über sich ergehen lassen. Obwohl die amerikanische Regierung die Direktive ausgab, die Zivilbevölkerung weitgehend zu schonen, forderten die massiven Bombardements unschuldige Opfer. Schon nach wenigen Tagen waren die Krankenhäuser in weiten Teilen des Landes heillos überfüllt, die Ärzteschaft überfordert. Es fehlte an allem, dafür hatte bereits im Vorfeld die restriktive UN-Sanktionspolitik gesorgt. »Nicht einmal die krebskranken Kinder im Krankenhaus von Basra erhielten die lebensnotwendigen Medikamente. Alles, was wir an medizinischen Hilfsgütern einführen wollten, blockte der Sanktionsausschuss der UN in New York ab«, berichtete die Wiener Onkologin Eva-Maria Hobiger entsetzt.[19] In den sechs Wochen andauernden Kampfhandlungen regneten mehr als zwanzigtausend Bomben auf die irakische Bevölkerung. Die Zahl der zivilen Todesopfer wird auf weit mehr als zweitausend geschätzt.

Besonders in der Endphase der Bombardierungen Bagdads kam es zu verheerenden Fehlern bei der Zielauswahl: Zweimal wurden Märkte in Bagdad bombardiert, die Anwendung von Streubomben hatte nichts mehr mit jener von der US-Generalität immer wieder betonten »Präzision« zu tun. Allein bei der Bombardierung des al-Nasser-Marktes im Bezirk al-Sholeh im Norden Bagdads sollen 57 Menschen zu Tode gekommen sein. »Gerade in den letzten Tagen des Krieges waren die militärischen Angriffe alles andere als chirurgisch«, bestätigt Fadela Chaib, Sprecherin der Weltgesundheitsorganisation (WHO).[20]

Auch die politische Strategie der Invasionstruppen schien sich in der Endphase des Krieges geändert zu haben: Während in den ersten Wochen noch Rücksicht darauf genommen wurde, die lebensnotwendige Infrastruktur der Hauptstadt nicht zu zerstören und damit der Bevölkerung zu signalisieren, dass der Krieg nicht gegen sie gerichtet ist, wurden später gezielt Strom- und Wasserversorgung attackiert – mit verheerenden Folgen für die medizinische Versorgung der Einwohner. »Wenn Sie einer belagerten Stadt das Wasser und den Strom abdrehen, wie es in Bagdad geschehen ist, und damit auch die medizinische Versorgung erheblich komplizieren, würde ich das schon als eine eindeutige Verletzung der Menschenrechte betrachten«, sagt WHO-Sprecherin Chaib erstaunlich offen.

Selbst jener Enthauptungsschlag, der Saddam Hussein und seinen engsten Führungszirkel gleich in der ersten Bombennacht hätte hinwegraffen sollen, forderte Opfer unter der Zivilbevölkerung. Damals wurde die erst vierjährige Doha mit schweren inneren Verletzungen in ein Bagdader Krankenhaus eingeliefert. Während Dohas Vater das kleine Mädchen im Arm hielt und auf die Ärzte wartete, brüllte er westliche Reporter verzweifelt an: »Wenn so eure Befreiung aussieht, kann ich gern darauf verzichten.«

Auch das ist ein Teil der Leidensgeschichte des irakischen Volkes: Eingeschüchtert und bedroht von den Häschern und der Paranoia des Regimes einerseits und den UN-Sanktionen und »befreienden« Präzisionswaffen andererseits mussten sich die Menschen im Irak ohnmächtig ihrem Schicksal fügen.

Rätselhafter Zusammenbruch

Saddam Husseins gut ausgerüstete Republikanische Garden, seine zahlenmäßig den amerikanischen Invasionstruppen weit überlegene Armee, sein dichtes Netz an Geheimdiensten – all diese militärischen Insignien der Macht konnten im Krieg nur wenig gegen die Amerikaner und Briten ausrichten. Die hoben innerhalb von vier Wochen den Machthaber in Bagdad aus. Von seinem Machtapparat blieben nicht viel mehr als Trümmer und Tausende Dokumente zurück.

Warum also brachen die irakischen Verteidigungslinien so schnell zusammen, warum verschwanden die führenden Personen des Machtapparats so spurlos, warum ist von der irakischen Armee, den Saddam-Milizen und den gefürchteten Republikanischen Garden während des gesamten Krieges nur wenig Gegenwehr zu bemerken gewesen? Vor dem Krieg befürchteten viele Militäranalysten eine lange Belagerung Bagdads und einen Häuserkampf mit entsprechend hohem Blutzoll, doch die US-Panzer wurden in Bagdad nur dort gebraucht, wo es galt, die Bronzestatuen Saddams vom Sockel zu ziehen. Dass gerade »das Herz des Regimes«, wie es US-Verteidigungsminister Donald Rumsfeld ausdrückte, so schnell und vergleichsweise unblutig fiel, ist nach wie vor ein Rätsel. Schließlich müsste der Großteil der irakischen

Streitkräfte bei der Ankunft der Amerikaner in Bagdad noch intakt gewesen sein.

Nach amerikanischen Angaben befanden sich zu Ende des Krieges rund 8 500 irakische Soldaten in US-Gefangenschaft, weitere 3 000 wurden – zumindest offiziell – getötet. Wo also war der Rest der rund 500 000 Mann starken Armee und der etwa 50 000 Mann starken Republikanischen Garden, deren ureigenste Aufgabe eigentlich die Verteidigung Bagdads gewesen wäre? Steven Baker, ehemals Admiral und Kommandant der US-Navy im Persischen Golf während des letzten Golfkrieges, erklärt das wundersame Verschwinden der einstmals größten Armee im arabischen Raum so: »Ich gehe davon aus, dass wohl eine sechsstellige Anzahl irakischer Soldaten getötet oder verwundet worden ist.«[21] Eine sehr hoch gegriffene Schätzung, deren Wahrheitsgehalt sich auch nach dem Krieg nicht bestätigen lässt: Schließlich wurden nicht derart viele Leichen irakischer Soldaten gefunden, und die Krankenhäuser der großen Städte mussten vor allem Zivilisten versorgen, die in die Statistik der unvermeidlichen Kollateralschäden eingegangen sind. Vor allem die gezielten Bombardements der Amerikaner auf die Stellungen der Republikanischen Garden im Umkreis von Bagdad hätten zu einer derartigen Dezimierung beigetragen.

Eine andere, vielleicht etwas weniger verwegene Erklärung für die schwache Gegenwehr der irakischen Verteidiger hat dagegen Ben Works, ein Washingtoner Militäranalytiker: »Viele irakische Divisionen, die offiziell eigentlich 10 000 Mann haben sollten, hatten von Anfang an nur 5 000 bis 8 000 Mann.«[22] Handelte es sich also um eine Geisterarmee, die da gegen die amerikanischen Truppen angetreten war?

Diese Frage lässt sich zum gegenwärtigen Zeitpunkt nicht wirklich eindeutig beantworten, doch die schwache Performance der irakischen Armee bei der »Mutter aller Schlachten« scheint auf einen Mix verschiedener Faktoren zurückzuführen sein, der sich in etwa so zusammenfassen lässt: Sabotage der unteren Ränge und Inkompetenz der militärischen Führung scheinen Hand in Hand gegangen zu sein. Denn Saddam Hussein, so schildern es internationale Vermittler, die kurz vor Beginn des Krieges den Diktator noch von den Verlockungen des Exils zu überzeugen suchten, scheint sich frühzeitig aus der Realität verabschiedet zu haben. »Als der russische Ex-Premierminister Jewgeni Primakov Saddam Hussein wenige Tage vor Ausbruch des Krieges besuchte und ihm vorschlug, ins Exil zu gehen, klopfte ihm Saddam Hussein mit glasigem Blick auf die Schultern und verließ wortlos den Raum«, erzählt etwa Militäranalytiker Ben Works.[23]

Gleichzeitig tauchen auch immer wieder Gerüchte auf, dass die Kommandanten der irakischen Armee und der Republikanischen Garden recht schnell begriffen hatten, dass die »Mutter aller Schlachten« aller Voraussicht nach eine verlorene sein wird. Die Kommandeure der gefürchteten Republikanischen Garden schlossen – zumindest nach Angaben des iranischen Geheimdienstes – einen Separatfrieden mit den Angreifern, womit auch erklärt werden könnte, dass lediglich ein paar fanatisierte Fedajin Saddam die Amerikaner am Einmarsch in Bagdad zu hindern suchten. Wenige Tage vor dem Fall der irakischen Hauptstadt meldete ein Reporter des arabischen Fernsehsenders *al-Jazeera* in Bagdad, er hätte »zu keinem Zeitpunkt« Republikanische Garden bemerkt, die sich auf die Verteidigung Bagdads vorbereitet hätten.[24] Offensichtlich waren die Elitetruppen zu diesem Zeitpunkt schon längst in Auflösung begriffen. Eine solche Beobachtung machte auch Wade Hudson, ein amerikanischer Friedensaktivist, der den gesamten Krieg im Hotel *Andalus* im Zentrum Bagdads ausgeharrt hatte: »Alles, was ich in den Tagen vor dem Einmarsch der US-Streitkräfte in Bagdad an irakischer Verteidigung gesehen habe, waren etwa hundert sehr junge Kämpfer der Milizen und eine alte Artilleriekanone.«[25]

Eine frühzeitige Aufgabe der Kommandeure der Elitetruppen hätte verheerende Auswirkungen auf die Kampfkraft und die Moral der Truppe, prognostizierten Militäranalysten schon kurz vor dem Beginn des Krieges. »Die Republikanischen Garden werden sich heftig wehren – vorausgesetzt, ihre Kommandanten wanken nicht«, sagte etwa Victor Gubareff, Direktor beim US-Think-Tank »stratfor« voraus. Forciert werden würde die Kapitulationsfreudigkeit der Kommandanten der gefürchteten Elitetruppen außerdem, wenn Saddam Hussein die Einheiten defensiv in ihren Stellungen warten ließe, statt selbst Angriffe zu starten. Genau das geschah während des Krieges.

Natürlich glaubte auch der Diktator selbst nach dem verlorenen Krieg, eine absichtliche Resignation der eigenen Streitkräfte hätte zu seinem Sturz geführt. In einem Brief, den Saddam Hussein angeblich handschriftlich am

Tag seines 66. Geburtstages, dem 28. April 2003, an die in London erscheinende arabische Tageszeitung *al-Quds* faxen ließ, erklärte Saddam, das jähe Ende seines Regimes sei »nur durch Verrat möglich gewesen«. Sollte der Brief tatsächlich authentisch sein, ist auch klar, was Saddam anstrebte: eine Karriere als Symbol für die arabischen Massen, wie es auch Osama Bin Laden durch seine regelmäßigen Videobotschaften geworden ist.

Genauso dubios wie die Mitteilsamkeit des Diktators – er schrieb in dem Brief auch, er habe »die Paläste schon früh verlassen« und lebe nun »in einem kleinen Haus« – sind auch die Umstände des Verschwindens seiner gesamten Führungsclique: Als Bagdad zu fallen drohte und der mittlerweile legendär gewordene irakische Informationsminister Mohammed Sajed al-Sahaf den in Bagdad stationierten Reportern weismachen wollte, in Bagdad befinde sich »kein einziger Amerikaner«, könnte sich das Regime bereits auf einen eleganten Abgang vorbereitet haben. Die CIA kalkuliert mittlerweile gar ein, dass Saddams engster Führungszirkel weniger aus Bagdad geflohen ist, als dass er vielmehr minutiös seine Abreise aus der Hauptstadt inszeniert hatte. »Entweder es gab damals eine koordinierte Aktion, so dass jedem Regimemitarbeiter klar war, dass er untertauchen oder fliehen muss, wenn die Invasionstruppen einen bestimmten Punkt erreichen, oder jeder dieser Leute wusste auf wundersame Weise selbst, dass es wohl Zeit ist, zu gehen«, sagt ein Mitarbeiter des US-Geheimdienstes.

Arme Armee

Noch mögen Berichte über Verrat in den eigenen Reihen und einen planmäßigen Rückzug des Führungszirkels den fahlen Beigeschmack von Verschwörungstheorien haben, was aber schon jetzt als gesichert gelten kann, ist die Tatsache, dass Saddam Hussein durch seine an Paranoia grenzende Angst vor Putschversuchen wesentlich dazu beigetragen hat, die irakische Armee schwach zu halten – die UN-Sanktionen und die damit verbundene scharfe Kontrolle der irakischen Aufrüstung kamen ihm eigentlich zugute.

Laut *Los Angeles Times* meinte der von den US-Truppen wenige Tage nach Kriegsende gefangene ehemalige Chef des militärischen Geheimdienstes, General Zuhayr Talib Abd al-Sattar al-Naqib, Saddam Hussein hätte besonders in den letzten Jahren alles unternommen, um die irakische Armee zu schwächen: Der Staatschef habe in der Armee Personalentscheidungen auf Basis seiner Angst vor einem Putsch getroffen, selbst wenn »diese Entscheidungen die Effizienz des Militärs schwächten«. Seit dem Golfkrieg 1991 sei es zu keinerlei Modernisierungen in der Armee gekommen, die Streitkräfte hätten nur noch eine halb so große Kampfkraft wie noch 1990 gehabt. Die Paranoia des Diktators und seine Personalpolitik, nur enge Vertraute des eigenen Clans an die entscheidenden Stellen im Machtapparat zu setzen, könnten ihm also in seinem letzten Krieg zum Verhängnis geworden sein.

Der Irak: eine Kleptokratie

Als die US-Besatzer nach der Einnahme Bagdads darangingen, nach Saddams verborgenen Schätzen zu suchen, mussten sie feststellen, dass der Diktator an den seltsamsten Orten Bares verbarg: In einem Hundezwinger in einem seiner Paläste wurden 112 Millionen US-Dollar gefunden, in einem anderen Präsidentenpalast fanden erstaunte US-Soldaten 650 Millionen US-Dollar in 100-Dollar-Scheinen. Keine Frage: Saddam Hussein hatte seinen eigenen privaten Pensionsfonds angelegt, alles in bar, gesplittet in vielen Verstecken. Den Irak betrachtete der Tyrann dabei als so etwas wie einen Selbstbedienungsladen. »Hin und wieder tauchten sie auf und nahmen einfach mal so fünf Millionen US-Dollar mit«, berichtet ein ehemaliger Angestellter der irakischen Zentralbank über die seltsamen Raubzüge des Saddam-Clans.[26] Wenige Tage vor Beginn des Krieges tauchten Kusai Hussein und vier Vertraute in der Zentralbank auf und hoben einfach mal so 900 Millionen US-Dollar und 100 Millionen Euro ab – beinahe ein Viertel der irakischen Hartwährungsreserven. Abtransportiert wurden die Banknoten per Traktor. Trotz der Skepsis der Angestellten der Bank wurde das Geld freigegeben: »Wenn man einen Befehl von Saddam Hussein erhält, diskutiert man nicht«, sagte ein Angestellter der Bank.[27]

Somit offenbart sich der Irak als pure Kleptokratie: während das Volk dahindarbte, wurde Saddam Hussein reicher und reicher. Dabei sind es gar nicht so sehr diese Raubzüge, die Saddam Hussein mit einem geschätzten Privatvermögen von 2 Milliarden US-Dollar auf Platz 2 eines Rankings der reichsten Despoten der Welt brachten, das vom US-amerikanischen Wirtschaftsmagazin *Forbes* aufgestellt wurde. Es sind eher die Einnahmen aus dem Schmuggel von Öl, die Saddam Hussein und den Seinen eine finanziell unbeschwerte Zukunft bescheren sollten. Das Oil-for-Food-Programm der Vereinten Nationen machte es dem irakischen Regime beinahe unmöglich, Öl am Weltmarkt gegen Bares zu verkaufen, also wurde ein groß angelegter Schmuggel betrieben. In den letzten fünf Jahren wurden täglich zwischen 325 000 und 480 000 Barrel Öl aus dem Land geschmuggelt – vorwiegend nach Jordanien, in die Türkei, nach Syrien und auch in die Golfstaaten. All diese Staaten verstießen damit eindeutig gegen die UN-Sanktionen, die dem Irak auferlegt wurden, doch damit hatten die USA kein Problem: Die Stabilität von Verbündeten wie Jordanien oder der Türkei musste um jeden Preis aufrechterhalten werden – auch wenn damit die eigenen politischen Grundsätze verletzt wurden.

Aus diesem groß angelegten Ölschmuggel generierte Saddam Hussein über ein kompliziertes Geflecht von Firmen in der Schweiz, in Luxemburg, Liechtenstein oder Frankreich Milliardenbeträge: An den Einnahmen war Saddams Clan mit 5 Prozent beteiligt.[28] Das so verdiente schmutzige Geld wurde geschickt reinvestiert: Saddam Hussein hatte Anteile am französischen Medienkonzern *Hachette* (der unter anderem das Modemagazin *Elle* her*ausgibt) und am Rüstungskonzern Matra*. Insgesamt 90 Millionen US-Dollar soll Saddam Hussein in die beiden Konzerne investiert haben – seine Anteile aber wurden mittlerweile eingefroren.

Beide Unternehmen – sowohl *Matra* als auch *Hachette* – gehören zur französischen *Lagadere Holding.* Hier treffen sich auf seltsame Weise die Interessen von wichtigen Vertretern der Bush-Administration und Saddam Hussein: Im Aufsichtsrat der *Lagadere Holding* saß bis 1998 Evan G. Galbraith, der nun einer der wichtigsten Berater von Donald Rumsfeld und dessen persönlicher Repräsentant bei der NATO in Brüssel ist.

Was folgt also daraus? Zum Beispiel, dass gerade die UN-Sanktionen paradoxerweise dem irakischen Diktator eine sichere Einnahmequelle bescherten, während die Iraker an den Sanktionen zu leiden hatten. Gleichzeitig gehen Insider davon aus, dass die UN-Sanktionen dem Tyrannen halfen, sein Volk auf loyaler Linie zu halten. »Die größte Gefahr für Saddam Hussein wäre die Aufhebung der UN-Sanktionen gewesen. Dann nämlich wäre das Land mehr den Einflüssen des Westens unterworfen, und die Menschen hätten festgestellt, dass sie nicht mehr von der Gnade des Regimes abhängig sind, das ihnen monatlich ihre Lebensmittelrationen zugesteht, so wie es beim Oil-for-Food-Programm vorgesehen war«, meint Hans von Sponeck, zwischen 1998 und 2000 Chef des UN-Programms in Bagdad.[29]

Tatsächlich hat Saddam Hussein nämlich seine organisatorische Hoheit über die Lebensmittel und Hilfsgüter des Oil-for-Food-Programms genutzt, um die Bevölkerung noch weiter zu knechten: Wer etwa aus der Baath-Partei austrat, der erhielt einfach nicht mehr die vorgesehenen Lebensmittelrationen.

Vorgeschobene Argumente

Saddam Hussein, das steht fest, war ein Diktator, ein Kleptokrat und ein Tyrann. Doch es kann getrost bezweifelt werden, dass die unvorstellbaren Greueltaten des Diktators und die verheerende Situation der Menschen im Irak die Triebfeder des amerikanisch-britischen Eingreifens waren. »Die Briten und die Amerikaner kümmern sich einen Dreck um die Menschenrechte im Irak«, ist etwa der amerikanische Linguist Noam Chomsky überzeugt.[30] Noch im Jahr 2001 hätte Jack Straw, damals britischer Innenminister und nunmehr Chef des britischen Außenministeriums, den Asylantrag eines Irakers mit der Begründung abgelehnt, es gebe keinen Anlass für die Behauptung, das irakische Justizsystem sei willkürlich.

Vielmehr instrumentalisierte die kleine »Koalition der Willigen« die Frage der Menschenrechte im Irak erst, als die UN-Waffeninspektoren auch nach wochenlanger intensiver Suche nach Saddams Arsenal nicht das gewünschte Ergebnis zutage förderten und schlicht keine Massenvernichtungswaffen gefunden wurden. In den darauffolgenden Wochen wurde von der Bush-Administration, aber auch von Tony Blair, der geplante Irakfeldzug als »humanitäre Intervention« konstruiert.

Doch im Grunde ließen sich die Vereinigten Staaten und Großbritannien sehr lange Zeit, um wegen der geschundenen Iraker zu intervenieren. Kriegerische Überfälle Saddams gegen die Kurden gab es schon in den 70er und 80er Jahren, die »Anfal«-Kampagne fand 1988 statt, Giftgasangriffe der irakischen Armee gegen die Iraner gab es schon Mitte der 80er Jahre. Doch damals spielte all das keine Rolle, denn der Westen glaubte noch, Saddam Hussein domestizieren zu können: der säkulare Diktator als westlicher Vorposten in einer feindlichen islamisch geprägten Region. Eine besondere Peinlichkeit leistete sich die britische Regierung mit ihren im Herbst 2002 publizierten Berichten über Menschenrechtsverletzungen, die im Irak stattgefunden hatten. »Ich bezweifle nicht, dass wahr ist, was darin steht. Was aber die britische Regierung nicht dazu sagt, ist die Tatsache, dass sich diese Berichte im Wesentlichen auf Recherchen von Amnesty International aus den 80er Jahren stützen. Was Saddam Hussein damals an der eigenen Bevölkerung angerichtet hat, tat er mit Duldung oder Unterstützung der USA und Großbritanniens«, erläutert Chomsky.[31]

Was geschah also, um diesen Krieg vorzubereiten? Die Schicksale Tausender Menschen, jener, die auf dem Friedhof von Abu Ghraib liegen, und jener, die im März 1988 im kurdischen Dorf Halabja elend durch Giftgas erstickten, genauso wie jener Menschen, die von Husseins Folterknechten verstümmelt ein schreckliches Leben führen mussten, wurden ausgeschlachtet, um einen öffentlichkeitswirksamen Kriegsgrund zu schaffen. Ein beinahe marktwirtschaftliches Prinzip kam zutage, als Amerikaner und Briten ihre neue Liebe zum irakischen Volk entdeckten: Die Nachfrage nach einem Kriegsgrund war überwältigend, die Frage der Menschenrechte war im Angebot.

Dass die Opfer Saddam Husseins nun befreit sind,

ist traurigerweise nicht mehr als ein *Spill-over*-Effekt dieses Krieges. Ein Kollateral*nutzen,* der aber sicher keine zentrale Rolle im amerikanisch-britischen Drehbuch spielte.

Kapitel 3

Ein Volk erwacht

Plündern für jeden

»Wir holen uns nur zurück, was uns gehört. Die ganzen Bürokraten hatten es uns weggenommen«, rechtfertigt sich Samah gegenüber einer westlichen Journalistin. Auf dem Karren der Frau sind ein Sofa und einige ausrangierte Sessel gestapelt, die sie zuvor aus dem Büro der »Friedens- und Freundschaftsvereinigung« in Bagdad entwendet hatte – jener staatlichen Organisation, die westliche Anti-Kriegs-Aktivisten nach Bagdad eingeladen hatte, um sie als menschliche Schutzschilde gegen die Hightech-Bomben der Amerikaner einzusetzen. »Jetzt herrscht das Chaos. Wir haben Angst. Nachts sind Banden unterwegs und saufen, stehlen und plündern«, beschreibt die Frau die Situation in Bagdad recht treffend, doch gleichzeitig beteiligt sie sich selbst ebenso aktiv an diesen Plünderungen. Um noch mehr von der leichten Beute abzubekommen, hat sie sogar ihre Söhne als Unterstützung mitgebracht.[1]

In praktisch allen großen Städten des Landes herrscht der Ausnahmezustand. Überall ist Chaos ausgebrochen. Jeder nimmt sich das, was er kriegen kann. Ein Land, in dem noch wenige Wochen zuvor das wohl repressivste und brutalste Regime der Region wütete, ist über Nacht zu einem Selbstbedienungsladen mutiert. Wenige Tage nach dem Fall Bagdads am 9. April 2003, als bereits klar war, dass Saddam Husseins Clan die Flucht angetreten hatte, gab es für das irakische Volk kein Halten mehr. Alle staatlichen Strukturen – jede Behörde, die Polizei, die Armee, die Sicherheitsdienste, das komplette Staatswesen – hatten sich mit einem Schlag in Luft aufgelöst.

Begünstigt wurde diese Entwicklung auch durch die wochenlangen Bombardierungen der westlichen Allianz, die beinahe die gesamte Infrastruktur des Landes zerstört hatten. In Bagdad und Basra gab es keinen Strom, die Wasserversorgung funktionierte bloß teilweise oder gar nicht. Zeitungen wurden nicht mehr gedruckt, und auch die TV-Kanäle verstummten. Das Fehlen jeglicher Form staatlicher Autorität produzierte von einem Moment auf den anderen die pure Anarchie. Einzig den Kampfverbänden der amerikanisch-britischen Militärallianz zollte die irakische Zivilbevölkerung ein Mindestmaß an Respekt. Doch denen schien das wüste Treiben in den Städten gleichgültig zu sein, solange sie nicht in direkte Kampfhandlungen verwickelt wurden.

Weit mehr als eine Woche lang glaubte sich die leidgeprüfte irakische Bevölkerung im Recht, all jenes zurückzuholen, was ihr von Saddam Husseins herrschendem Clan vorenthalten oder gestohlen worden war. Selbst vor den einst so gefürchteten und hermetisch abgeriegelten Palastanlagen, Domizilen, Verwaltungsgebäuden und Geheimdienstzentralen hatten die Menschen die Angst verloren und schafften Vasen, wertvolle Ziergegenstände, antike Möbel, Luxusgüter, Autos und alles, was sie finden konnten, beiseite. Selbst Krankenhäuser, Bibliotheken, Universitäten und Kulturinstitute blieben nicht von den Plünderungen verschont.

Für weltweite Empörung sorgte die Ausräuberung des irakischen Nationalmuseums in Bagdad. In wenigen Stunden verschwand fast das gesamte kulturelle Erbe des Irak. Tausende Exponate des Museums wurden kurzerhand fortgeschafft: goldene Schalen, Tontafeln, Begräbnisschmuck, mit Juwelen besetzte Lyren und Zeugnisse der sumerischen und babylonischen Töpferkunst. Zu den bedeutendsten Exponaten gehört die Gesetzestafel des babylonischen Herrschers Hammurabi, der von 1728 bis 1668 vor Christus regierte. Welches Schicksal dieser ältesten Rechtssammlung der Menschheitsgeschichte widerfuhr, ist ungewiss. Was den Plünderern wertlos erschien, wurde zerstört.

Der amerikanische Militärstab hatte zwar bereits vor dem Irakfeldzug Expertisen westlicher Experten eingeholt, um etwaige Kulturgüter nicht fälschlicherweise zu Bombenzielen zu machen und sie so für immer dem Wüstensand preiszugeben. Doch schienen die Besatzer ihr kulturelles Interesse an den irakischen Kunstschätzen nach der Einnahme Bagdads sogleich vergessen zu haben. Das Nationalmuseum in Bagdad wurde in keiner Weise geschützt, obwohl das Personal des Museums darum gebeten hatte. Als einziger in der weitläufigen Anlage hielt Mohsen Kadim, ein 50-jähriger Wachmann, die Stellung und musste doch tatenlos zusehen, wie das Erbe der Menschheit vom Mob weggetragen wurde, als sei es auch bloßer Saddam-Kitsch. »Die Leute kamen mit Brechstangen, Pistolen und Kalaschnikows«, erzählt Kadim von der Übermacht der Invasoren aus den Armenvierteln Bagdads.[2]

Immer mehr verdichten sich auch die Gerüchte, dass

die amerikanischen Soldaten die Plünderungen nicht nur geduldet, sondern sogar regelrecht dazu aufgefordert hatten. »Go in, Ali Baba, it's yours!«, sollen etwa US-Soldaten irakischen Zivilisten zugerufen haben, nachdem sie gut gesicherte Tore aufgebrochen oder aufgeschossen hatten, berichteten Augenzeugen unabhängig voneinander.[3] *Ali Baba,* das ist mittlerweile die irakische Fachbezeichnung für »Plünderer«. Und Ali Babas gab es viele in Bagdad. Die offizielle Argumentation der westlichen Militärführung, ihre eigentliche Aufgabe sei die Zerstörung des Regimes und nicht die Sicherung der öffentlichen Ordnung, erscheint unter diesem Blickwinkel in einem völlig anderen Licht. Stets beteuerte der Militärstab, dass seine Soldaten für zivile Aufgaben weder ausgebildet waren noch zahlenmäßig ausreichend zur Verfügung standen.

Die Rechnung dafür zahlte die irakische Bevölkerung. Marodierende, stark bewaffnete und offensichtlich auch gut organisierte Banden zogen plündernd durch die Straßen. Nur wenige Gebäude wurden von den Amerikanern hermetisch abgeriegelt. Eine dieser wenigen Liegenschaften war das Ölministerium in Bagdad. Es war dieses Ministerium, das auch als eines der wenigen in Bagdad nicht vom massiven Bombardement der US-Luftwaffe getroffen worden war.

Strahlendes Diebesgut

Andere wichtige Gebäude zogen weniger Aufmerksamkeit der Amerikaner auf sich. Wie heillos überfordert die britisch-amerikanische Militärallianz nach dem Zusammenbruch der Baath-Regierung war, verdeutlicht auch das Beispiel der südlich von Bagdad gelegenen Atomanlage al-Tuwaitha. Al-Tuwaitha ist die größte für zivile Zwecke genutzte Nuklearforschungsanlage im Irak. Nach Auskunft der Internationalen Atomenergiebehörde (IAEA) lagern hier 1,8 Tonnen Uran. Obwohl die IAEA US-Außenminister Colin Powell bereits im Vorfeld über mögliche Gefahren, die von der Atomanlage ausgehen könnten, brieflich verständigt hatte, blieb eine entsprechende Reaktion aus Washington aus. Anfang Mai war es dann soweit: Irakische Zivilisten drangen in die Atomanlage ein und nahmen alles mit, was nicht niet- und nagelfest war. »Es gibt die Befürchtung, dass eventuell nukleares Material in die Hände von Terroristen geraten könnte«, verdeutlichte IAEA-Sprecherin Melissa Flemming.[4]

Als die Amerikaner letztendlich doch reagierten und Wachen vor der Anlage postierten, war es bereits zu spät. Irakische Zivilisten, vorwiegend Jugendliche, hatten Generatoren, Schläuche, Eisenplatten, einfach alles, was sie fanden, mit nach Hause geschleppt. Obwohl die Amerikaner nach Presseberichten 62 Plünderer festnahmen, konnten viele andere entkommen. Auch mit den Zugangskontrollen dürften es die Soldaten nicht wirklich ernst genommen haben. Um sich Eintritt in die Anlage zu verschaffen, genügte es, die Soldaten davon zu überzeugen, dass man in der Anlage tätig wäre.[5]

Neben der Sorge, dass radioaktives Material für terroristische Zwecke in falsche Hände geraten könnte, verwies die IAEA überdies auf die hohe Gefahr der radioaktiven Kontaminierung in der Umwelt und bezweifelte zugleich, ob amerikanische Soldaten im Umgang mit Nuklearanlagen ausreichend geschult seien. Immer wieder läuteten Anfang Mai im IAEA-Hauptquartier in Wien die Telefone. Am Apparat waren US-Soldaten, die sich erkundigen wollten, wie man mit sichergestellten radioaktiven Materialien umzugehen habe. So viel zur geballten Kompetenz der amerikanischen Suche nach Massenvernichtungswaffen. Auf derartige Anfragen reagierten die Experten der IAEA jedoch nicht. Immerhin hatten die USA um keine offizielle Hilfestellung bei der Behörde nachgesucht.[6]

Wie sorglos und chaotisch die US-Administration mit derartigen Belangen umgeht, erscheint nicht nur auf den ersten Blick befremdlich. Dass der Irak im Besitz von Massenvernichtungswaffen sei oder zumindest über Programme zu dessen Produktion verfüge, galt den Vereinigten Staaten immerhin als eines der Hauptargumente für einen Einmarsch in den Irak. Zwar handelte es sich bei al-Tuwaitha um eine zivil genutzte Atomforschungsanlage, doch selbst bei der üblicherweise diplomatisch agierenden IAEA in Wien reagierte man auf die dilettantische Vorgehensweise der USA mehr als verärgert. »Die USA zerstören unsere Arbeit«, beschwerte sich ein hochrangiger IAEA-Mitarbeiter.[7]

Nach dem Kollaps

Saman Murad versteht die Welt nicht mehr. Flankiert von Hunderten seiner Landsleute hat sich Saman am

Samstag, dem 4. Mai in die Lobby des *Palestine Hotel* in Bagdad begeben, um auf seine verheerende Situation aufmerksam zu machen. Der Ort ist gut gewählt. Da die meisten internationalen Journalisten während und nach dem Krieg im *Palestine Hotel* logieren, darf die kleine Gruppe von Demonstranten zumindest auf ein wenig Aufmerksamkeit hoffen. Denn viel mehr als Hoffnung ist ihnen ohnehin nicht geblieben.

Verzweifelt klammert sich Saman an ein altes Stück Papier, als ob dieses in die Jahre gekommene Schreiben eine Garantie für einen künftigen Job wäre. 20 Dollar hat der ehemalige US-General und kurzfristige Chef der US-Administration, Jay Garner, irakischen Zivilisten versprochen, die den Amerikanern beim Wiederaufbau des Landes tatkräftig zur Hand gehen. Welche Voraussetzungen für diese begehrten, weil wenigstens bezahlten Jobs notwendig sind, nannte er nicht. Da steht Saman nun mit diesem Brief, der zumindest bestätigt, dass der Vierzigjährige schon einmal im Dienste der Amerikaner stand. 1990 »bedauerten« die Vertreter der US-Botschaft in Bagdad, Saman »leider« aufgrund der politischen Spannungen zwischen der US-Regierung und dem irakischen Regime aus seiner Stellung als Botschaftsportier entlassen zu müssen.

Als US-Sympathisant abgestempelt war es für ihn vier Jahre lang unmöglich, eine neue Beschäftigung zu finden, bis ihn schließlich das *Sheraton Hotel* für kurze Zeit als Installateur engagierte. Danach wieder Arbeitslosigkeit. Um seine Frau und die drei Kinder zu ernähren, heuerte Saman schließlich bei der irakischen Armee an. Diese hat sich inzwischen bekanntermaßen »aufgelöst«, und so steht er nun wieder auf der Straße. »Was kann ich denn bloß tun, um für einen Job vorsprechen zu können«, ruft er verzweifelt.[8] Aber niemand weiß eine Antwort darauf. Über Erspartes verfüge er nicht, und Arbeit gebe es keine, erzählt er.

Auch vor dem Palast der Republik in Bagdad, einst prunkvolle Residenz des Langzeitdiktators Saddam Hussein, stehen Hunderte Iraker Schlange, um bei den Amerikanern vorzusprechen. Eben hier hatte der kurzzeitige US-Verwaltungschef Jay Garner mit seinen Mannen Quartier bezogen. Die Entscheidung, wer welchen Job und welche Funktion in der irakischen Verwaltung bekommt, ist ungewiss, zumindest für die Wartenden. Dem Großteil der irakischen Bevölkerung bleibt nur das Hoffen und Warten auf eine bessere Zukunft.

Es wird womöglich ein vergebliches Warten werden, denn im unmittelbaren Chaos nach dem Krieg ging viel von jener Sehnsucht nach einer selbstbestimmten Zukunft wieder verloren, die wohl die Mehrzahl der Iraker in sich trugen. Die Gefühle seiner Landsleute beschreibt etwa Saad Jawad, ein Professor an der Universität Bagdad, recht treffend: »Die Iraker verbanden sehr große Hoffnungen mit den Amerikanern. Aber all diese Euphorie über den Regimewechsel ging verloren, als die Iraker den enormen Schaden an der Infrastruktur sahen und erkannten, wie sorglos die Amerikaner mit dem schwierigen Alltag der Iraker umgingen.«[9]

Spätes Eingreifen der Besatzer

Erst einen Monat nach der Befreiung Bagdads endete schließlich die stille Komplizenschaft zwischen untätigen und überforderten US-Soldaten und Plünderern: Die US-Verwaltung erlaubte es den Militärpatrouillen, auf Plünderer zu feuern. Zwar gibt es zu diesem Zeitpunkt ohnehin nicht mehr viel zu plündern, doch die US-Verwaltung wollte damit wohl ein Zeichen setzen. »Die Leute sollen merken, dass solche Diebstähle tödliche Folgen haben können«, sagte der neue US-Verwaltungschef Paul Bremer in einer Pressekonferenz in Bagdad.[10] Gleichzeitig wurden die Patrouillen in den Straßen Bagdads verschärft.

Die angespannte Sicherheitslage in Bagdad ist die Achillesferse der US-amerikanischen Besatzung, denn die »Herzen der Iraker« zu gewinnen wird den neuen Herrschern nur gelingen, wenn zumindest die elementarsten Bedürfnisse der Iraker gewährleistet sind. Auf eine ganz besonders gewiefte Idee verfiel die Übergangsverwaltung zu diesem Problem auch noch: In den nächsten Monaten sollen sich die Gefängnisse im Irak wieder füllen – und zwar mit jenen ordinären Kriminellen, die Saddam Hussein im Oktober 2002 im Rahmen seiner großzügigen Amnestie auf die Straße gesetzt hatte. Rund 100000 Häftlinge wurden damals entlassen, ein gut Teil von ihnen trachten die US-Truppen wieder hinter Gitter zu bringen. Nach dem »Laissez faire« der ersten Besatzungswochen haben die Amerikaner also nun umgeschwenkt und setzen auf Repression.

Obwohl die US-Administration immer wieder betonte,

wie hervorragend die US-Soldaten für ihre neue Aufgabe – die Wiederherstellung der Ordnung in Bagdad – gerüstet seien, war man mit den Anstrengungen der Ordnungshüter wohl nicht ganz zufrieden: Um das Elend der Befreiung für die Iraker zu lindern, wurden weitere 15 000 US-Soldaten und 4 000 Militärpolizisten in den Irak verlegt.

Ein Land in Trümmern

Der Zusammenbruch der Baath-Regierung hat die ohnehin desaströse Wirtschaftslage der irakischen Bevölkerung noch erheblich verschärft. Die wenigen Jobs, die es vor dem Kollaps des Regimes gab, waren in dem aufgeblähten Verwaltungsapparat und der Armee zu finden. Nach deren Zusammenbruch sind auch diese Arbeitsmöglichkeiten versiegt. Obwohl die amerikanisch geführte Übergangsverwaltung Beamte, Polizisten und staatliche Angestellte aufforderte, wieder zur Arbeit zu erscheinen, blieben die Menschen aus.

Wohin sollten sie auch gehen? Die Verwaltungsbezirke der irakischen Städte liegen in Schutt und Asche. Die Löhne der letzten Monate wurden ohnehin nicht ausbezahlt. Und auch die Angst vor möglichen Vergeltungsaktionen aufgrund ihrer privilegierten Vergangenheit hielt viele Verwaltungsbeamte davon ab, an ihren ehemaligen Arbeitsplätzen wieder aufzutauchen.

Amerikanischer Wiederaufbau

Das wirtschaftliche Leben eines ganzen Landes, sofern man aufgrund der gegen den Irak verhängten Wirtschaftssanktionen überhaupt davon sprechen kann, ist mit einem Schlag zum Stillstand gekommen. Die wirtschaftliche Grundlage des Irak, die Ölindustrie, ist teilweise zerstört oder Plünderungen zum Opfer gefallen. Es klingt fast wie ein Hohn, dass in einem Land, das über die zweitgrößten Erdölreserven dieses Planeten verfügt, wenige Wochen nach Saddams Sturz aufgrund von Produktionsausfällen sogar das Benzin ausging und importiert werden musste. Vor den Tankstellen bildete sich die neue Zwei-Klassen-Gesellschaft: Wer mit Dollars zahlen konnte, wurde privilegiert behandelt, wer nur mit dem irakischen Dinar zahlen konnte, musste stundenlang warten.

Nicht nur die Ölindustrie, die gesamte wirtschaftliche Infrastruktur des Irak ist ein Trümmerhaufen. Aber diesen Trümmerhaufen wieder aufzubauen hatte sich die amerikanische Wirtschaft bereits vorgenommen, als es ihn in diesem Ausmaß noch gar nicht gab. Während die irakische Bevölkerung wie gelähmt in eine ungewisse Zukunft blickt, haben westliche Konzerne längst den Kampf um die Vergabe der lukrativen Wiederaufbauverträge begonnen – ein Milliardengeschäft. Internationale Experten schätzen die Kosten für den Wiederaufbau der irakischen Wirtschaft in den nächsten Jahren auf eine Summe zwischen 25 und 100 Milliarden Dollar.[11] Aber auch hier hat die US-Administration bereits überdeutlich gezeigt, dass eine Einmischung von außen unerwünscht ist.

Verantwortlich für die Vergabe der Multimillionen-Dollar-Aufträge ist niemand geringerer als die amerikanische Regierungsagentur *USAID* (United States Agency for International Development). So konnte der US-Konzern *Halliburton* Aufträge für die Löschung brennender irakischer Ölfelder an Land ziehen. Danach folgten Aufträge für die Wiederinstandsetzung einzelner irakischer Ölförderquellen im Gegenwert von 24 Millionen Dollar. Das Brisante daran: Der weltweit zweitgrößte Öldienstleistungskonzern wurde von 1995 bis 2000 vom jetzigen US-Vizepräsidenten Dick Cheney geleitet, was nicht nur in der amerikanischen Öffentlichkeit für gehöriges Aufsehen sorgte. Die Bush-Regierung kümmert das freilich wenig. Experten rechnen, dass das Auftragsvolumen für *Halliburton* in der Nachkriegszeit ein Volumen bis zu 600 Millionen Dollar ausmachen könnte.[12]

Zu den Gewinnern der US-Vergabepolitik für den Wiederaufbau im Irak darf sich auch der US-Baukonzern *Bechtel* zählen. Für die Instandsetzung von irakischen Flughäfen kassierte der private Baukonzern rund 34,6 Millionen Dollar. Aber auch hier gibt es eine Option zur Steigerung des Auftragsvolumens. So könnte *Bechtel* für zusätzliche Instandsetzungsarbeiten bis Mitte 2003 mit bis zu 680 Millionen Dollar rechnen.[13] Und auch hier gibt es unübersehbare Brücken zur amerikanischen Regierung. So sitzt der ehemalige US-Außenminister George Shultz im Aufsichtsrat des Konzerns. »Ab November 2002 engagierte sich Shultz auch im ›Komitee zur Befreiung des Irak‹«. Zudem hatte der Konzern nach Berechnungen des überparteilichen CRP-Instituts (Center of Responsive Politics) in Washington während des Präsidentschaftswahlkampfes im Jahre 2000 rund 288 000 US-Dollar an Politiker der Republikanischen und der Demokratischen Partei gespendet. Die grundsätzliche Maxime der US-Regierung lautet in diesem Fall: Aufträge für den Wiederaufbau werden nur an amerikanische Konzerne vergeben. Wie und in welchem Umfang diese dann internationale oder gar irakische Unternehmer an dem Milliardengeschäft teilhaben lassen, liegt in deren Ermessen.

Auf jeden Fall dabei im großen Spiel ist *MCI,* die Telefonsparte des erst im vergangenen Jahr Pleite gegangenen Telekommunikationsriesen *WorldCom. MCI* soll in Bagdad ein Mobilfunknetz aufbauen. Eine gute Nachricht könnte das für die Familie von George W. Bush selbst sein: Seine beiden Töchter hielten – zumindest bis zur Pleite des Unternehmens – Anteile an *WorldCom,* die Daddy ihnen gekauft hatte.[14]

Die amerikanische Wirtschaft hatte sich gut auf den Irakkrieg vorbereitet, wie etwa die umtriebige Vortragstätigkeit des Rumsfeld-Beraters Richard Perle zeigte: Drei Wochen, nachdem Perle im Februar im Pentagon ein geheimes Meeting über die Kriegsvorbereitungen gegen den Irak besucht hatte, trat er als Stargast bei einer Konferenz des US-Investmenthauses *Goldman Sachs* auf. Dort protzte er mit seinem Insiderwissen zum Thema »Auswirkungen eines bevorstehenden Krieges: Irak jetzt. Nordkorea als nächstes?«.[15]

Diese Details fügen sich zu einem schlüssigen Bild zusammen: Pentagon-Berater holen sich Informationen aus ihrem Amt, entwickeln daraus Strategien für die amerikanische Wirtschaft und geben dieses Wissen an Investmentbanker weiter. War der Irak unter Saddam

Hussein eine Kleptokratie, so ist er jetzt ein Selbstbedienungsladen für die Freunde der Bush-Administration. Denn so eifrig US-Präsident George W. Bush immer wieder beteuert hat, dass das irakische Öl dem irakischen Volk gehört, so beständig hat er auch verschwiegen, dass die Erlöse aus dem Ölverkauf in die Kassen amerikanischer Konzerne fließen werden.

Humanitäre Katastrophe

Unabhängig davon, wer in den Genuss der lukrativen Verträge für den Wiederaufbau des Irak kommt, eines steht zweifellos fest: Der jüngste Militärschlag gegen den Irak und die zuvor verhängten Wirtschaftssanktionen haben das Land an den Rand einer verheerenden humanitären Katastrophe gebracht. Oder noch einen Schritt weiter. Selbst vier Wochen nach dem Fall Bagdads ist die Trinkwasserversorgung in weiten Teilen des Landes nicht gewährleistet. Die amerikanischen Bomberpiloten hatten eben ganze Arbeit geleistet. Sauberes Wasser kommt bestenfalls aus Tankwagen.

Besonders alarmierend ist die Situation im Süden des Landes. WHO-Experten (World Health Organisation) vor Ort machten bereits Anfang Mai auf eine drohende Seuchengefahr in Basra, der zweitgrößten Stadt des Landes, aufmerksam. Innerhalb weniger Wochen stieg die Anzahl der Patienten mit Mangelerscheinungen und Infektionskrankheiten sprunghaft an. »Wegen des Wassermangels wird einfach Wasser aus dem Fluss genommen, und der ist schwer verschmutzt. Es wird für viele tödlich enden, wenn sie nicht sauberes Wasser und bestimmte Medikamente erhalten«, warnte Fadela Chaib, Sprecherin der WHO in der jordanischen Hauptstadt Amman, bereits während der Bombardements.[16]

Sie sollte Recht behalten. Nach Angaben von UNICEF sind Anfang Mai 300 000 irakische Kinder durch falsche und mangelhafte Ernährung vom Tode bedroht. Die Anzahl der durch Unterernährung bedrohten Kinder hat sich seit dem Einmarsch der amerikanisch-britischen Allianz verdoppelt, behaupten UNICEF-Mitarbeiter. Um eine humanitäre Katastrophe größeren Ausmaßes zu verhindern, müsste in erster Linie die Wasserversorgung so schnell wie möglich wiederhergestellt werden, fordert die Organisation, die sich weltweit um den Schutz von Kindern bemüht.[17] Doch genau hier liegt das Problem: Werden Wasserpumpen repariert, kommen am nächsten Tag Plünderer und bauen alles wieder ab. Für die Sicherung von Pumpstationen und Wasseraufbereitungsanlagen fühlt sich die US-Armee nicht verantwortlich.

Seit dem Ende der Kampfhandlungen beobachten WHO-Mitarbeiter im al-Tahrir-Krankenhaus in Basra zahlreiche Fälle von Diarrhö, Magen-Darm-Erkrankungen, Austrocknung und Cholera. Mindestens sieben Cholerafälle wurden durch die WHO im al-Tahrir-Krankenhaus bestätigt. Doch die Dunkelziffer dürfte weitaus höher liegen. Betroffen sind vor allem Kinder im Alter zwischen dreizehn Monaten und vier Jahren.

Ähnlich verhält sich die Situation im Kinderkrankenhaus von Basra. Rund 200 Kinder werden täglich eingeliefert, erzählt ein irakischer Arzt. »90 Prozent davon leiden an Diarrhö. Da wir aber über keine Laborgeräte verfügen, haben wir nicht die Möglichkeit, gesicherte Diagnosen zu stellen. Wir müssen auf unsere Erfahrungswerte vertrauen. Aber allein in der ersten Maiwoche hatten wir vier Cholerafälle«, berichtete der Arzt.[18]

Auch in den Krankenhäusern von Basra hatten die Plünderer ganze Arbeit geleistet und fast das gesamte medizinische Gerät, sofern es überhaupt vorhanden war, entwendet. Denn schon vor dem Militärschlag der amerikanisch-britischen Allianz war das Gesundheitswesen in einem katastrophalen Zustand. Dafür hatte bereits die rigide Sanktionspolitik der Weltgemeinschaft gesorgt. Das irakische Gesundheitswesen war also schon vor Kriegsbeginn um 30 Jahre zurückgeworfen worden.

Tödliche Sanktionspolitik

Am 6. August 1990, nur vier Tage nachdem irakische Truppen die Grenze zu Kuwait überschritten und das Emirat militärisch besetzt hatten, verabschiedete der Sicherheitsrat der Vereinten Nationen die Sicherheitsresolution 661. Durch die Verhängung eines Wirtschafts-, Finanz- und Militärembargos wollte die UNO den Irak auf politischem Weg zwingen, sich bedingungslos aus dem besetzen Kuwait zurückzuziehen. Der Versuch schlug fehl.

Am 17. Januar 1991 beginnt eine von den USA angeführte Militärallianz aus 28 Nationen ein Bombardement auf den Irak, das wochenlang andauern sollte. Knapp einen Monat später, am 24. Februar 1991, startet die Militärallianz die Bodenoffensive in Kuwait und dem Irak.

Rund 725 000 alliierte Soldaten stehen 545 000 irakischen Soldaten gegenüber. Nur einen Tag später befiehlt Saddam Hussein den Rückzug aus Kuwait. Im Süden des Irak erleidet die irakische Armee in der größten Panzerschlacht seit dem Zweiten Weltkrieg eine vernichtende Niederlage. Nur sechs Wochen nach Kriegsbeginn stellen die Alliierten die Kampfhandlungen ein. Das Kriegsziel, die Befreiung von Kuwait, ist erreicht. Saddam Hussein bleibt weiterhin an der Macht.

Am Ende des Krieges beklagen die alliierten Streitkräfte 224 Gefallene, über die Anzahl der getöteten Iraker gibt es keine gesicherten Informationen. Bagdad spricht von 100 000 getöteten irakischen Soldaten und 45 000 getöteten Zivilisten. Die Kriegsschäden sind verheerend. Am 27. Februar 1991 unterwirft sich Bagdad der UN-Resolution 660, mit der es sich verpflichtet, seine Ansprüche auf Kuwait aufzugeben. Die UN-Sanktionen bleiben allerdings über den Waffenstillstand hinaus in Kraft.

Nach Kriegsende bestätigen die Vereinten Nationen die Sanktionen erneut in der Resolution 687, um das Land zur Beseitigung von Massenvernichtungswaffen zu zwingen. In zwei UN-Berichten, verfasst vom ehemaligen finnischen Präsidenten Marti Athissari und Sadruddin Aga Khan, werden die eigentlichen Ausmaße der Kriegsfolgen sichtbar. So schreibt etwa Aga Khan in seinem Bericht, dass die komplette Infrastruktur des Landes derart zerstört ist, dass eine Wiederherstellung mit eigenen Mitteln unmöglich sei.

Doch bis sich der Sicherheitsrat entschloss, ein humanitäres Notprogramm abzusegnen, vergingen Jahre, obwohl internationale Organisationen immer wieder auf die desaströse Lage der irakischen Zivilbevölkerung aufmerksam gemacht hatten. Im Juli 1995 kam die FAO (Food and Agriculture Organisation of the United Nations) in einem Bericht zu dem Schluss, dass bis zu diesem Zeitpunkt 567 000 Kinder unter fünf Jahren aufgrund der Embargopolitik gestorben waren. Die Grundlagen für das Oil-for-Food-Programm verfassten die Vereinten Nationen in der Sicherheitsratsresolution 986 am 14. April 1995. Der Irak hatte das Recht, Öl in bestimmten Mengen am Weltmarkt zu verkaufen, unter der Bedingung, dass mit einem Großteil der erwirtschafteten Gelder die humanitäre Grundversorgung der irakischen Bevölkerung zu sichern sei.

Doch als sich der Sicherheitsrat zu diesem humanitären Notprogramm für die irakische Bevölkerung entschied, war es eigentlich schon zu spät. Die rigide Blockade durch die UN-Sanktionspolitik hatte bereits voll gegriffen. Die humanitäre Situation im Irak glich einer Katastrophe. Auch das Öl-für-Lebensmittel-Programm sollte daran nicht viel ändern. In einem neuerlichen Bericht der FAO über die Situation im Irak aus dem Jahr 2000 heißt es wörtlich: »Mangelernährung bei Kindern in den mittleren und südlichen Teilen hat sich nicht merklich verbessert, und Ernährungsprobleme bleiben ernst und weit verbreitet.«[19]

Wie gleichgültig US-Politiker angesichts dieser erschreckenden Zahlen reagierten, bewies die ehemalige US-Außenministerin der Regierung Clinton, Madeleine Albright. Auf die Frage eines Fernsehmoderators der NBC Polit-Talkshow *60 Minutes,* ob die Sanktionspolitik der UN den Tod von 500 000 irakischen Kindern rechtfertigen könnte, antwortete Albright mit den Worten: »Wir meinen, das ist es wert.«[20]

Dass dieses humanitäre Notpaket nur unzureichend greifen konnte, war schon bei der vorgeschriebenen Verwendung der eingenommenen Gelder ersichtlich. Die Erlöse aus dem Ölverkauf wurden auf ein Konto der *Banque National de Paris* in New York überwiesen. So mussten 53 Prozent der Gelder für die humanitäre Hilfe in Mittel- und Südirak verwendet werden. 13 Prozent gingen an die kurdischen Gebiete im Nordirak. 30 Prozent des Geldes mussten für Reparationszahlungen für den Golfkrieg und für die UNCC (UN Compensation Commission) verwendet werden, 2,2 Prozent für die Kosten des humanitären Programms der UN und 0,8 Prozent für die Tätigkeit der Waffeninspektoren. Der Rest wurde für Pipeline-Gebühren verwendet.

Die internationale Sanktionspolitik hatte auch Auswirkungen auf die Lebensbereiche Wissenschaft und Bildung. So durfte der Irak keinerlei Güter, die in dem Verdacht des »Dual Use« standen, importieren. Die internationale Staatengemeinschaft befürchtete, dass derartige Güter für irakische Massenvernichtungswaffenprogramme genutzt werden könnten. Dass darunter auch zahlreiche medizinische Geräte oder notwendige Pestizide für die Landwirtschaft fielen, traf die irakische Bevölkerung besonders hart. Denn die Iraker waren eigentlich an eine funktionierende medizinische Infrastruktur gewöhnt. Der Irak, der seit den 70er Jahren des 20. Jahrhunderts umfangreiche Reformen im Gesundheitswesen gestartet hatte, verfügte bis vor dem irakisch-iranischen

Krieg in den 80er Jahren über eines der besten Gesundheitssysteme im gesamten arabischen Raum.

Auch in den Bereichen Bildung und Wissenschaft hatte der Irak enorme Fortschritte gemacht. Die von der Baath-Regierung eingeleitete Alphabetisierungskampagne griff schnell. So konnten laut einer UNESCO-Studie im Jahre 1987 80 Prozent der irakischen Bevölkerung lesen und schreiben, was der UNESCO sogar einen Preis wert war. 1995 war der Prozentsatz der Lese- und Schreibkundigen wieder auf 58 Prozent gesunken. Aktuelle Studien, wie hoch die Analphabetenrate im Irak derzeit ist, gibt es noch nicht.

Auch in der Industrie und in der Landwirtschaft setzte die Baath-Partei in den 70er Jahren umfangreiche Reformen durch. So wurde mit der Produktion von Textilien und elektronischen Geräten begonnen. Zu dieser Zeit schloß die irakische Regierung zahlreiche Verträge mit internationalen Firmen ab, um die Autoindustrie im Land anzukurbeln. Eine Genossenschaftsreform in der Landwirtschaft sollte den Import von Nahrungsmitteln verringern, mit dem Ziel, genügend Nahrungsmittel zu produzieren, um unabhängig von Importen zu werden. Hätte der Irak dieses Ziel erreicht, wäre es das erste arabische Land gewesen, das seine Bevölkerung vollkommen eigenständig hätte ernähren können. Angebaut wurden Weizen, Gerste, Reis, Dattelpalmen, Obst, Gemüse und sogar Tabak. Der irakisch-iranische Krieg machte all diese Pläne zunichte. Seit den 80er Jahren kam jegliche wirtschaftliche Entwicklung zum Stillstand. Die Sanktionspolitik nach dem zweiten Golfkrieg besorgte den Rest.

Neben der herrschenden Elite der Baath-Regierung,

die über unermesslichen Reichtum verfügte, verarmte etwa die Mittelschicht komplett. Eltern verfügten nicht mehr über die notwendigen Mittel, um ihre Kinder auf Universitäten oder Fachschulen zu schicken. Das Bildungswesen einer ganzen Gesellschaft brach infolge von Kriegen und der Sanktionspolitik zusammen. So verdiente ein Lehrer im Irak monatlich durchschnittlich drei bis fünf US-Dollar. Einen wissenschaftlichen Austausch mit dem Rest der Welt gab es nicht mehr. »Selbst die medizinischen Fachbücher für Studenten sind vollkommen veraltet«, berichtete etwa die Onkologin Eva-Maria Hobiger nach ihrer letzten Irakreise im Januar 2003.[21] Drei Kriege und die rigide Sanktionspolitik der internationalen Staatengemeinschaft haben den Irak um Jahrzehnte zurückgeworfen und das ganze Land paralysiert.

Nur ein kleiner Junge

Kein anderes Bild war in der Irakberichterstattung so prägend wie jenes des 12-jährigen Bagdader Jungen Ali Ismail Abbas. Als eine amerikanische Bombe das Haus seiner Eltern in Bagdad trifft, ist er der einzige Überlebende. Sein Vater, seine schwangere Mutter, sein Bruder, eine Tante, drei Cousinen und drei weitere Verwandte starben bei dem Angriff. Tagelang lag der 12-jährige in einem Bagdader Krankenhaus, das nach der Befreiung von Plünderern heimgesucht wurde, und die Ärzte mussten tatenlos zusehen, wie das Kind, das beide Arme verloren hatte und dessen Haut zu 20 Prozent verbrannt war, jeden Lebensmut verlor.

»Könnt ihr mir helfen, meine Arme zurückzubekommen? Glaubt ihr, dass die Ärzte mir ein neues Paar Hände geben können? Wenn ich keine neuen Hände bekomme, werde ich mich umbringen«, klagte das Kind verzweifelt.[22] Wenige Tage später wurde er nach Kuwait ausgeflogen und dort erfolgreich operiert. In Bagdad, einer zerbombten, von jahrelangen Sanktionen am Lebensnerv getroffenen Stadt, hätte er keine Überlebenschance gehabt.

Doch auch wenn Ali dank der Aufmerksamkeit der Welt eine privilegierte Behandlung genießt: Der Irak ist voller Alis, denen es erging wie ihm. Die meisten von ihnen müssen weiterhin die Folgen des Krieges ertragen, die Folgen der Sanktionen und die Folgen der Plünderungen: In Bagdader Krankenhäusern wurden von Plünderern sogar schwer verletzte Patienten aus den Betten geworfen und ihnen die Matratzen und Decken weggenommen.

Alles neu?

Saddam Hussein hat sein Volk ausgeplündert, nun plünderten die Iraker nach dem Verstummen des Kampflärms das, was sie mit Saddam Hussein verbanden: seine luxuriösen Paläste, seine noblen Freizeitclubs. Aber auch Gebäude, die ganz bestimmt nicht Symbol einer Diktatur sind, sondern Zeugnisse der Menschheitsgeschichte: das Nationalmuseum in Bagdad etwa. Und auch jene infrastrukturellen Einrichtungen, ohne die eine Stadt geradezu in Chaos und Elend versinken muss: Pumpstationen für das in diesen geographischen Breiten so wichtige Wasser. Oder Krankenhäuser, in denen sich die Opfer des Krieges gerade von ihren Wunden erholten und plötzlich konfrontiert wurden mit einer neuen Macht im Irak: Verarmten und aggressiven Menschen, die genau erkannten, dass in diesem wenige Wochen andauernden Zeitfenster beinahe alles möglich war in Bagdad. Die Disziplin, die Saddam Hussein seinem Volk bei schwersten Strafen aufgenötigt hatte, wurde von den Irakern abgeschüttelt und entlud sich in purer Aggression, in Zerstörungswut und der Sehnsucht, dass ein paar Stühle aus einem Saddam-Palast und eine Matratze aus einem Krankenhaus der Sprung in eine bessere Zukunft wären.

Dass die US-Armee die Plünderer gewähren ließ, ist nun ein überaus problematisches Signal: Erstens haben die Iraker dadurch ihren Respekt vor der Besatzungsmacht verloren, und zweitens hat die stille Komplizenschaft der Amerikaner auch gezeigt, wie überfordert die siegreichen Invasoren sind, wenn es darum geht, eine neue Gesellschaft aufzubauen. Es sei nicht verwunderlich, so ein britischer Kommandeur, der in Basra eingesetzt war, dass sich die Menschen in der Stadt eben ein paar Tage lang austoben, nachdem sie jahrzehntelang all ihrer Freiheiten und all ihres Lebensmutes beraubt worden seien. Stimmt. Neu allerdings ist, dass Plündern und Brandschatzen zu jenen demokratischen Werten gehören, die ja explizit von Amerikanern und Briten in den Irak exportiert werden sollten.

Wenn nun amerikanische Unternehmen den Irak als neuen Markt entdecken und all diese Unternehmen wie zufällig gewisse personelle Verbindungen mit den wesentlichen Beratern der Bush-Administration haben, so muss sich Washington durchaus die Frage gefallen lassen, ob der Krieg gegen den Irak nicht doch auch ein wenig den Sinn hatte, den stotternden amerikanischen Konjunkturmotor wieder zum Laufen zu bringen. Es mutet schon merkwürdig an, ein Land ein Jahrzehnt lang mit UN-Sanktionen zwar nicht von einem Diktator zu befreien, aber damit den Menschen und der Wirtschaft schwer zu schaden. Die UN-Sanktionen wurden vor allem von den USA mit eiserner Hand durchgesetzt, die nun ein riesiges Betätigungsfeld für den Wiederaufbau vorfinden. Das macht die redundante Befreiungsrhetorik des US-Präsidenten zumindest unglaubwürdig.

Kapitel 4
Zersplitterte Opposition

Die Rückkehr des Ayatollah

Die Sprechchöre im Stadion der südirakischen Stadt Basra waren ohrenbetäubend und gleichzeitig ein Warnsignal für die amerikanisch-britische Allianz. »Ja, ja, ja, Islam! Ja, ja, ja, Hakim!« jubelten Zehntausende Menschen zur Begrüßung des schiitischen Ayatollah Mohammed Bakir al-Hakim, als dieser wenige Wochen nach Saddams Sturz und nach 23-jährigem Exil in Teheran wieder in seine Heimat zurückkehrte. Al-Hakim ist Führer der äußerst populären schiitischen Oppositionsbewegung »Oberster Rat für die Islamische Revolution« (SCIRI) und damit eine der wohl einflussreichsten politischen Figuren im neuen Irak. Al-Hakim selbst entzog sich zwar der Verfolgung durch Saddam Husseins Häscher durch Flucht, doch seine Familie hatte einen überaus hohen Blutzoll zu bezahlen: 125 seiner Familienmitglieder wurden verhaftet, 25 davon grausam hingerichtet.

In seiner Rede plädierte al-Hakim für die Schaffung eines »modernen islamischen Staates« und für die Einführung des islamischen Rechts, der Scharia. Gleichzeitig distanzierte er sich von jenen, die letztendlich seine Rückkehr ermöglicht hatten. »Das irakische Volk ist in der Lage, ohne ausländische Hilfe einen neuen Irak aufzubauen«, so fuhr der Ayatollah fort. Immer wieder unterbrach er seine Rede sehr bewegt und zu Tränen über den begeisterten Empfang gerührt mit dem Ruf »Allah ist groß«.[1]

Wenn al-Hakim an der Etablierung eines islamischen Staates basteln möchte, islamisches Recht einzuführen trachtet und sich eine Befreiung von den Befreiern wünscht, so sind dies deutlich andere Töne als noch vor wenigen Monaten. Im Herbst 2002 gab sich Dhia al-Dabbass, Europa-Repräsentant des SCIRI und al-Hakims Lobbyist in Wien, Berlin und Brüssel noch weichgespült. Westliche Bedenken, der Irak könnte unter der Regie des SCIRI zu einem Gottesstaat nach dem Modell des Iran werden, wischte er charmant beiseite. »Der Irak soll ein säkularer Staat bleiben«, so al-Dabbass damals.[2]

Mit dem Bestreben, den Irak in einen Gottesstaat zu verwandeln, wird der »Oberste Rat der Islamischen Revolution« zu einer der größten Unwägbarkeiten für die Pläne der USA. Denn fast scheint es, als wäre man zwar die Gefahr Saddam Hussein losgeworden, hätte sich aber im Gegenzug eine neue Gefahr eingehandelt: Einen Irak, der unter dem Einfluss von Ayatollahs steht, die wiederum von Teheran gelenkt werden. Immerhin finanzierte die Teheraner Regierung jahrelang die schiitischen Oppositionellen. Zudem verfügt SCIRI über einen eigenen bewaffneten Arm, die Badr-Brigaden. Diese nach eigenen Angaben von SCIRI rund 15000 Mann starke Kampftruppe wurde im Iran ausgebildet und gilt als bestens ausgerüstet. Die Kommandos der Badr-Brigaden waren auch die einzigen, die dem Regime Saddam Husseins nennenswerten Widerstand entgegensetzten: im Juni 2002 wurde etwa auf einen Statthalter Saddam Husseins im südlichen Irak ein Attentat verübt.

Welche politischen Verwirrungen Verlautbarungen des Obersten Rates auslösen können, zeigte sich schon Anfang März 2003. Da nämlich behauptete die SCIRI-Führung, dass bereits mehr als 600 Mann der Badr-Brigade die Grenze vom Iran aus in den kurdisch kontrollierten Teil des Irak überschritten hätten, um an den Kampfhandlungen teilzunehmen. Eine sehr unangenehme Situation für die US-Kriegsherren. Nach sofortiger Intervention der Amerikaner nach dieser Meldung dementierte al-Hakim den Grenzübertritt seiner Truppen.

Schon in den ersten Verhandlungsgesprächen der irakischen Opposition lange vor dem Krieg hatte sich SCIRI stets um einen gemäßigten Militärschlag der Allianz bemüht. Zwar würde man die militärische Unterstützung der Amerikaner begrüßen, doch den Sturz des verhassten Diktators wolle man am liebsten selbst durchführen. Dabei orientierte sich der Oberste Rat immer wieder an der amerikanischen Kriegsführung gegen Slobodan Milosevic im Kosovo 1999: Damals fungierte die NATO als Luftwaffe für die albanischen UCK-Rebellen am Boden. Eine überaus zweifelhafte Position, da selbst bei einer militärischen Vereinigung aller oppositionellen Kräfte im Irak der militärische Erfolg eines Aufstands aufgrund der fehlenden Kampfstärke äußerst unwahrscheinlich war.

Die USA befinden sich nun in einer nicht unbedingt beneidenswerten Situation: Versuchen sie den Einfluss al-Hakims auf die noch zu schaffende Zentralregierung in Bagdad zu minimieren, wird das die Anhänger des Ayatollah im schiitischen Süden ermutigen, sich enger an Teheran zu binden. Könnte al-Hakim allerdings seinen Einfluss auf die neue Regierung in Bagdad völlig ungehemmt ausüben, würden religiöse Eiferer versuchen, die Situation auszunützen. US-Verteidigungsminister Donald Rumsfeld hat al-Hakims Gruppe schon einmal gewarnt: »Wir lassen nicht zu, dass der Übergang zur Demokratie im Irak von Leuten, die eine andere Form von Diktatur installieren wollen, ausgenutzt wird.«[3]

Wie auch immer die USA entscheiden: Die ideale Lösung wird es schlicht nicht geben. Immerhin werden die Schiiten im südlichen Irak nicht tatenlos zusehen, wie sie nach einem Vierteljahrhundert politischer und religiöser Diskriminierung durch das vorwiegend aus Sunniten rekrutierte Regime Saddam Husseins abermals von den wesentlichen politischen Entscheidungsprozessen ausgeschlossen werden – diesmal eben von den Befreiern, die nur wenige Wochen nach Vollendung ihres militärischen Jobs auch schon zu Besatzern geworden sind. Schon jetzt kündigen SCIRI-Vertreter an, eine längere Präsenz der Amerikaner auf keinen Fall zu dulden: »Wir werden die Autorität einer amerikanisch geführten Militärregierung nicht anerkennen – mit allen Konsequenzen«, warnt der Europarepräsentant des Obersten Rates, al-Dabbass.[4]

Angst vor dem Gottesstaat

Unterdessen wächst auch unter den irakischen Frauen die Angst vor einem künftigen Gottesstaat Irak. Für die weibliche Bevölkerung könnte die soeben stattgefundene Befreiung in diesem Szenario nämlich nur von kurzer Dauer sein. In allen Teilen des Landes wächst die Zahl der religiösen Großveranstaltungen von Tag zu Tag. Und immer häufiger fordern islamische Geistliche die Frauen zum Tragen der Hidschab auf, einem schwarzen Schleier nach iranischem Vorbild. »Ich möchte mich frei bewegen können, ein glückliches Leben in Offenheit führen. Ich will keine Herrschaft der Religion. Religion ist Privatsache«, ängstigt sich etwa Nimo Dinka Skander, die Besitzerin eines Schönheitssalons in Bagdad.

So mörderisch das Regime unter Saddam Hussein auch gewesen sein mag, so unternahm der Diktator im Laufe seiner Herrschaft doch vieles, um die Rolle der Frauen in der arabischen Gesellschaft zu stärken. Um den Verlust dieser ansatzweisen Gleichberechtigung sind die Frauen nun besorgt. »Ich halte das nicht aus, ich kann das nicht hinnehmen«, entrüstet sich auch Amel al-Kudeiri, Besitzerin einer Kunstgalerie in Bagdad. »Es war Ausdruck unseres Stolzes, dass wir den Hidschab nicht trugen. Ich war eine der Ersten in der Familie, die ihn nicht getragen hat«, so al-Kudeiri. Auch Hanah Radi hält mit ihrer Besorgnis nicht hinterm Berg. »Wenn ein Iraker die Führung übernimmt, wird er sich nach zwei Jahren gegen uns wenden – er wird zum Drachen«, befürchtet Radi.[5]

Mit ihren Forderungen nach einem Abzug der US-Streitmacht und der Einrichtung eines islamischen Staates haben die Schiiten die Amerikaner überrascht: Die nämlich gingen eher davon aus, dass die schiitischen Oppositionsbewegungen nur mäßig organisiert seien und den Besatzern damit eine gewisse Atempause bliebe, um die ihnen genehmen politischen Strukturen zu schaffen.[6]

Eine weitere bedeutende schiitische Oppositionsgruppe ist die »Partei der islamischen Mission« (Hizb al-Dawa islamiya). Die Gruppierung verfügt über eine lange Tradition. Offiziell wurde die Hizb al-Dawa im Jahre 1968 gegründet. Doch ihre Wurzeln reichen bis in das Jahr 1957/58 zurück, als der Gelehrte Muhammad Bakr al-Sadr aus islamischen Lehren ein soziales, religiöses und politisches Konzept für den Irak entwickelte. Seit ihrer Gründung agierte auch diese streng hierarchisch strukturierte Organisation im Untergrund. Nachdem Mitglieder der Hizb al-Dawa die politische Macht im Irak destabilisieren wollten und im Jahre 1980 sogar ein Attentat auf den stellvertretenden Ministerpräsidenten, Tarik Aziz, scheiterte, wurde die religiöse Gruppierung verboten. Gerade Tarik Aziz zum Ziel eines Attentats zu machen wurde damals nicht bloß als Ausdruck des Widerstands gegen das Saddam-Regime interpretiert, sondern offenbarte auch religiöse Motive: Aziz ist christlicher Iraker.

Hunderte ihrer Mitglieder wurden damals kurzerhand hingerichtet, darunter auch die Führungsfigur Muhammad Bakr al-Sadr und seine Schwester Bint al-Huda. Die Mehrzahl der Anhängerschaft floh in den Iran. Heute verehren zahlreiche Schiiten Muhammad Bakr al-Sadr wie einen Heiligen und Märtyrer.

Nach dem Sturz Saddam Husseins verfügt die Hizb al-Dawa über eine breite Anhängerschaft unter den irakischen Schiiten des Landes. Einen nicht zu unterschätzenden Einfluss übt derzeit Muqtada al-Sadr, der 30-jährige Sohn von Muhammad Bakr al-Sadr, aus. Obwohl viele Anhänger der Hizb al-Dawa jahrelang im iranischen Exil lebten, besteht diese Organisation auf der vollständigen Integrität des irakischen Territoriums. Mit SCIRI ist man sich in erster Linie in der Ablehnung der amerikanischen Besatzer einig.

Die Realisierung eines von vielen westlichen Kommentatoren heraufbeschworenen Angstszenarios gilt jedoch nicht als sehr wahrscheinlich: Dass nämlich die irakischen Schiiten ob ihrer engen Verbindung mit dem Iran eine Veränderung des territorialen Status quo des Irak anstreben könnten, um einen einheitlichen Gottesstaat mit dem Iran zu errichten. Unter den verschiedenen schiitischen Oppositionsgruppen herrscht durchaus eine große Bandbreite an politischen Präferenzen und Meinungen. Dessen sind sich sogar die Schiiten bewusst. So bemerkte Abd al-Majid al-Kho'i, der Führer der größten schiitischen Stiftung des Irak, der Kho'i-Stifung mit Sitz in London, dass der Schiismus im Irak in erster Linie eine »soziale Konfession« sei, deren Wurzeln auf die gemeinsam durchlebten Krisenerfahrungen zurückzuführen sind.[7]

Darüber hinaus liegen in den von den irakischen Schiiten besiedelten Gebieten im Süden des Landes beträchtliche Mengen der irakischen Erdölvorräte. Dass die irakischen Schiiten damit einverstanden wären, das schwarze Gold mit ihren iranischen Glaubensbrüdern zu teilen, ist ebenso zweifelhaft.

Im Dickicht der Opposition

Das Aufbegehren der wichtigsten schiitischen Oppositionsbewegungen gegen die USA steht nur stellvertretend für eine ganze Reihe massiver Probleme der Besatzungsmächte. Innerhalb weniger Wochen wurden in den Augen vieler Iraker aus jenen, die Saddam Hussein aus dem Amt gebombt hatten, Eindringlinge, die es zu verjagen gilt. Nicht allein islamisch geprägte politische Gruppierungen zeigen diesen Reflex deutlich. Dass die Stimmung allerdings so schnell kippen konnte, ist vorwiegend ein von den Amerikanern selbst verschuldetes Übel: Sie hatten offensichtlich hervorragende militärische Pläne, das mörderische Baath-Regime zu entfernen, haben sich aber innerhalb kürzester Zeit im politischen Gestrüpp der mannigfachen oppositionellen Bewegungen und ethnischen und religiösen Interessen verfangen.

Immerhin rund 50 oppositionelle Gruppierungen mit mehr oder weniger Einfluss gibt es im Irak. Unter ihnen einen Minimalkonsens über die Zukunft des Landes herzustellen und dabei auch noch die eigenen strategischen Interessen wahren zu können scheint ein beinahe aussichtsloses Unterfangen.

Ein Banker als Revolutionär

Eine der schlimmsten Überraschungen für die USA ist es wohl, dass selbst bisher als loyal zu den Siegermächten geltende oppositionelle Gruppierungen die Befreier nun als politische Aussätzige behandeln und nur dort kooperieren, wo es unbedingt nötig ist. Für Höflichkeiten ist da kein Platz: Ahmed Chalabi, Führer des »Irakischen Nationalkongresses« (INC) etwa hat sich schnell von seinen ehemaligen politischen Förderern emanzipiert. Als die USA eine Woche nach Saddams Sturz die oppositionellen

Gruppierungen des Irak zu einer ersten Konferenz in Abrahams Geburtsstadt Ur bei Nassirija einluden, blieb Chalabi dem politischen Brainstorming demonstrativ fern: Er wollte mit den Führern anderer Oppositionsgruppen lieber ein eigenes Treffen in Bagdad abhalten und entsandte zu den demokratischen Festspielen der Amerikaner, einfühlsam inszeniert in einem Beduinenzelt, nur einen Vertreter.

Wenn also der erste amerikanische Statthalter im Irak, Exgeneral Jay Garner, bei dieser Zusammenkunft in Ur davon sprach, er habe das Gefühl, dass »heute ein freier und demokratischer Irak beginnt«, so kann dies nur als purer Optimismus bezeichnet werden. Denn wenige Kilometer weiter, in Nassirija, demonstrierten zeitgleich rund 20 000 Menschen gegen die amerikanische Regieführung bei der Bildung einer Übergangsregierung. »Nein zu Amerika, nein zu Saddam«, hieß es in Sprechchören immer wieder. Slogans wie diese machen klar, dass die Iraker wohl im politischen Niemandsland angekommen sind.

Das Fernbleiben des US-amerikanischen Protegés Chalabi war ein deutliches Signal an die USA und gleichzeitig ein geschickter Schachzug des Exil-Irakers: Er hatte ganz genau erkannt, dass seine politische Zukunft im Irak eher von kurzer Dauer sein würde, wenn er sich zu eng an die Amerikaner bindet. Er musste so handeln, um seinen ziemlich beschädigten Ruf als Handlanger der USA schnell loszuwerden. Denn Chalabi hat ein ernsthaftes Akzeptanzproblem in seiner ehemaligen Heimat: Erstens war er seit 1958 im Exil, zweitens hat der »Irakische Nationalkongress« keinerlei Basis in der Bevölkerung, und drittens gilt Chalabi den Irakern ohnehin als Vollstrecker amerikanischen Willens. Kurzum: Chalabi ist im Gegensatz zu Ayatollah al-Hakim und anderen Oppositionsführern für viele Iraker ein Fremder.

Natürlich streitet er selbst das ab: »Zwischen mir und den Irakern herrscht vollkommene Harmonie. Tausende meiner Landsleute haben mich besucht und mir gratuliert, dass die USA hergekommen sind und die Iraker befreit haben.«[8] Der Gratulationsmarathon aber sagt wenig über die tatsächlichen Fähigkeiten Chalabis aus, den Irak zu managen. »Die USA sollen nicht über amerikanisch-irakische Amateure arbeiten, die keine Ahnung von den Verhältnissen im Irak haben und jene Menschen übergehen, die jahrelang gelitten und für die Befreiung des Irak gekämpft haben«, äußert sich etwa Kanan Makya, ein Politikexperte und irakischer Exilant, der mit Chalabi hart ins Gericht geht.

Um die Glaubwürdigkeit des Schiiten Chalabi ist es ohnehin schlecht bestellt, was mit seiner etwas kriminellen Vergangenheit zu tun hat: Im benachbarten Jordanien wird er wegen schweren Betrugs gesucht. Dort hat er 1989 eine Bank in den Ruin geführt und wurde 1992 in Abwesenheit zu 22 Jahren Haft verurteilt. Mit insgesamt 300 Millionen US-Dollar soll er sich nach der Pleite der Bank aus Jordanien abgesetzt haben. Teilweise diente dieses Geld wohl auch zur Finanzierung von Umsturzversuchen im Irak selbst: 1995 investierte der Oppositionsführer acht Millionen US-Dollar aus seiner Privatschatulle in einen bewaffneten Aufstand gegen das Saddam-Regime, der vom kurdischen Autonomiegebiet aus geführt werden sollte.[9] Die Revolte schlug, wie sollte es auch anders sein, fehl.

Am Vertrauen der Amerikaner in die revolutionären Fähigkeiten des Exil-Irakers änderte das nichts: Als die Clinton-Regierung im Jahre 1998 mit dem »Iraqi Liberation Act« erstmals eine gesetzliche Grundlage für einen Regimewechsel schuf und 97 Millionen US-Dollar zur Unterstützung irakischer Oppositioneller zur Verfügung stellte, erhielt Chalabis INC einen Großteil dieser Summe. Ahmed Chalabi kann mit Geld umgehen: Der 58-jährige ist studierter Mathematiker.

Die nötigen finanziellen Mittel für seine politischen Ambitionen besorgte sich Chalabi wohl auch direkt aus der Kasse des amerikanischen Geheimdienstes. Allein in der ersten Hälfte der 90er Jahre soll die CIA dem »Irakischen Nationalkongress« rund 100 Millionen US-Dollar zur Verfügung gestellt haben.[10] Doch was mit dem Geld tatsächlich geschah, lässt sich heute nicht mehr eindeutig nachvollziehen: Das State Department jedenfalls verdächtigt Chalabi, einen Teil der finanziellen Aufwendungen, die für die Organisierung eines Staatsstreichs im Irak gedacht waren, eher für sich selbst verwendet zu haben, auch wenn Chalabi das bestreitet. In einem insgesamt 173 Seiten langen Schreiben hat er kurz nach Ende des Irakkrieges versucht, die Vorwürfe aus Washington zu entkräften.

Der rege Geldfluss jedenfalls wird von der politischen Konkurrenz Chalabis nun als Beweis für die These gewertet, dass der INC tatsächlich eine reine Gründung des amerikanischen Geheimdienstes sei. Im neuen Irak ist Derartiges ein politisches Killerargument. Tatsächlich ist der INC eine Gründung der beiden kurdischen Führer Massud Barzani (Kurdische Demokratische Partei) und

Jalal Talabani (Patriotische Union Kurdistans) aus dem Jahre 1992 und sollte als Dachverband schiitischer, sunnitischer und christlicher Oppositionsgruppen fungieren.

Doch auch wenn Chalabi in der irakischen Bevölkerung kaum Rückhalt genießt, so hatte er unmittelbar nach dem Fall Bagdads doch einen Startvorteil gegenüber den anderen Oppositionsgruppen: Er war der Erste, der sich in einem ehemaligen Nobelclub Udai Husseins in Bagdad niederließ und dort ein Büro aufbaute. Gemeinsam mit ihm sind 600 Mann der »Freien Irakischen Streitkräfte« nach Bagdad gekommen, die von der US-Armee schon zur Jahreswende 2002/2003 in Ungarn ausgebildet worden waren. Wohl nicht als kämpfende Truppe. Obwohl die ehemaligen Exil-Iraker einer militärischen Grundausbildung zugeführt wurden, besteht ihr Hauptaufgabenbereich im Verwaltungsapparat. Hauptziel der provisorisch zusammengestellten Truppe ist die Verbesserung der Kommunikation zwischen Irakern und Amerikanern. In einigen Fällen sollen sie auch Polizeifunktionen wahrnehmen.

Die Köpenickiade des Bagdader Bürgermeisters

Chalabi agiert nun, nachdem er zuvor im Londoner Exil viele Jahre aggressives Lobbying betrieben hat, ausgesprochen zurückhaltend und versucht, seine persönliche Rolle in einem befreiten Irak herunterzuspielen. »Ich bin kein Kandidat für irgendeine politische Stellung im Irak«, meinte er sanftmütig und bescheiden nach seinem Einzug in Bagdad.[11] Mag er auch selbst vorerst nicht für ein politisches Amt zur Verfügung stehen, so ließ er immerhin seine Weggefährten wichtige Posten besetzen. Kurz nach der Ankunft des Chalabi-Trosses in Bagdad rief sich Mohammed Mohsen al-Zubaidi, ein Vertrauter Chalabis und ehemals Taxifahrer im US-amerikanischen Portland, zum Bürgermeister von Bagdad aus.

Die politische Karriere des Exchauffeurs allerdings währte nicht lange: Zehn Tage nach seiner Amtseinführung wurde er von amerikanischen Streitkräften festgenommen. Für die Amerikaner nämlich war die Besetzung des Bürgermeisteramtes durch al-Zubaidi ein klassischer Fall politischer Plünderung und in keiner Weise legitim. Außerdem hatte der »Bürgermeister« Uniformen und Waffen an Mitarbeiter verteilen lassen.[12]

Die Köpenickiade des selbsternannten Bürgermeisters von Bagdad offenbart ein weiteres Dilemma der US-amerikanischen Verwalter: Ihnen fehlt es an vertrauenswürdigem irakischen Personal, um das Machtvakuum im Land schnell auffüllen zu können. Gewiefte Politdesperados erkannten das in den ersten Wochen nach dem Sturz des Saddam-Regimes recht schnell und versuchten, zu Ämtern und Ehre zu gelangen.

Der Kampf der Kurden

Achmed Chalabi, der von vielen als amerikanischer Günstling diskreditierte Politmanager, und Ayatollah Mohammed Bakir al-Hakim, der von den Amerikanern als »irakischer Khomeini« gefürchtete Schiitenführer, stehen im Wesentlichen für die beiden extremen Pole des politischen

Spektrums im Irak: Der Erstere versucht die USA als Steigbügelhalter für seine politische Karriere zu instrumentalisieren, der Letztere möchte den Irak zu einer »No Go«-Zone für die Amerikaner umgestalten.

Zwischen Chalabi und al-Hakim befindet sich aber eine ganze Reihe weiterer politischer Gruppierungen, die um Einfluss und Posten im neuen Irak buhlen. Größtenteils rekrutieren sie sich aus ehemaligen Saddam-Anhängern, die übergelaufen sind, oder aus einstmals Mächtigen, die 1968 durch den Putsch der Baath-Partei aus ihren Ämtern verjagt worden waren.

Eine privilegierte Sonderstellung bei der künftigen Machtverteilung spielen wohl die kurdischen Oppositionsparteien, die als einzige im Irak Erfahrungen mit dem Aufbau eines De-facto-Staatswesens haben. Nach dem verlorenen Golfkrieg 1991 mussten sich Saddams Truppen aus dem kurdischen Nordirak zurückziehen. Seit nunmehr zwölf Jahren verfügen die Kurden über einen beinahe eigenständigen Staat, der vom Einflussbereich des Diktators in Bagdad völlig abgekoppelt war. Beherrscht wird dieser kurdische Norden von zwei eher rivalisierenden Parteien: der »Kurdischen Demokratischen Partei« (KDP) von Massud Barzani und der »Patriotischen Union Kurdistans« (PUK) von Jalal Talabani.

Zu Verbündeten sind die beiden Kontrahenten erst geworden, als sich im Herbst 2002 ein militärisches Eingreifen der Amerikaner und damit ein Ende des Regimes Saddam Husseins abzeichnete: Im September 2002 beschlossen sie die Bildung einer gemeinsamen Nationalversammlung für Kurdistan. Die plötzliche Einigung macht politische Beobachter allerdings skeptisch. »Die

Geschichte der Konflikte zwischen PUK und KDP ist länger als die Perioden des Friedens«, sagt etwa Shaho Sajed, ein Professor an der kurdischen Universität in Suleymania.[13] Sajed ist sich nicht sicher, ob die gemeinsame Erklärung von Barzani und Talabani nun eine Epoche des friedlichen Miteinanders der rivalisierenden Fraktionen einläutet oder doch nur ein Schritt war, um dem Westen zu gefallen.

Um ihre Minireiche zu halten – insgesamt leben auf irakischem Staatsgebiet nur 3,5 Millionen Kurden –, haben die beiden Kurdenführer Barzani und Talabani jedwedes politische Tabu schon mal gebrochen: 1996 etwa rief Massud Barzani die Truppen Saddam Husseins zu Hilfe, um einen militärischen Angriff des Rivalen Jalal Talabani zurückschlagen zu können. Eine teuflische Allianz: Nur acht Jahre zuvor, im März 1988, hatte Saddam Hussein im Dorf Halabja 5000 Kurden durch Giftgas töten lassen.

Gerade diese traurige Episode zeigt, wie fragil das Machtgefüge im Irak auch heute noch ist und dass die USA sich auf einen langen Prozess der Vermittlung zwischen den rivalisierenden Gruppierungen einstellen müssen. »Wichtig ist, dass sich keine der Gruppen übervorteilt fühlt, denn das ist ganz entscheidend für die künftige Stabilität des Landes«, erläutert Marc Burgess, Direktor des Washingtoner »Center for Defense Information« den Balanceakt, den die Amerikaner vollführen müssen.[14]

Dass der Umgang mit den kurdischen Interessengruppen ohnehin ein politischer Drahtseilakt wird, zeigten auch schon die Erfahrungen während und unmittelbar nach dem Krieg: Da mussten die amerikanischen Streitkräfte die kurdischen Peschmerga-Kämpfer in ihrem Eifer drosseln, sofort in die Städte Mosul und Kirkuk vorzustoßen und sie zu besetzen. Für die US-Amerikaner hätte ein Vorstoß kurdischer Kämpfer in die beiden irakischen Städte den völligen Zusammenbruch ihres Konzepts bedeutet, den Irakkonflikt möglichst ohne Einmischung von Nachbarstaaten durchzustehen.

Denn hätten die Kurden während des Krieges Kirkuk und Mosul besetzt, wäre es wohl endgültig zum Einmarsch türkischer Truppen im Norden des Landes gekommen. Die geopolitischen Gewissheiten dieses Krieges wären dementsprechend endgültig verschwunden: Die Kurden hätten gegen die Türken gekämpft, die irakische Armee gegen die Kurden, und die Amerikaner wären wohl zwischen den Fronten im Nordirak aufgerieben worden. Die geopolitischen Interessen der Türkei im kurdisch dominierten Nordirak sind hinlänglich bekannt. Denn nichts fürchten die Türken mehr als einen eigenständigen Kurdenstaat. Gebietsansprüche der Kurden in der Türkei wären die Folge eines unabhängigen Klein-Kurdistan, fürchten die Politiker in Ankara.

Und Mosul und Kirkuk wären aufgrund ihrer Ölvorkommen die eigentliche wirtschaftliche Garantie für die Gründung eines derartigen Staatsgebildes. Doch noch geben sich die Kurden zahm. Die jahrzehntelange Forderung nach einem eigenen unabhängigen Staatsgebiet haben sie aus politischem Kalkül mit einer recht großzügigen De-facto-Autonomie getauscht. Denn einer Sache ist man sich bewusst: Einen eigenen Kurdenstaat, der selbst nur auf das Gebiet der kurdischen Zone im

Nordirak begrenzt wäre, ist für die US-Administration keine Überlegung wert. Die Amerikaner haben keine Lust, sich mit dem NATO-Partner Türkei anzulegen, während sie im Irak selbst noch vor beinahe unlösbaren Aufgaben stehen.

Der Deal, der zwischen Amerikanern, Türken und Kurden kurz vor dem Krieg geschlossen wurde, sah dann eben so aus: »Lassen Sie es mich klar sagen: Wir haben mit den Amerikanern abgemacht, dass die Türkei nicht in den Nordirak einmarschiert, wenn wir im Gegenzug Kirkuk und Mosul nicht besetzen«, so KDP-Chef Massud Barzani in einem Interview.[15] Dass mit dem Verschwinden der irakischen Armee aus den beiden Städten plötzlich doch kurdische Kämpfer durch die Straßen der beiden Städte patrouillierten, sei nicht seine Schuld, sondern die seines ehemaligen Rivalen Jalal Talabani: »Einige andere haben sich eben nicht an diese Vereinbarung gehalten.«

Schon allein dieses giftige Statement zeigt die Brüchigkeit des Friedens zwischen den beiden kurdischen Fraktionen und wirft ein Schlaglicht auf das, was den Besatzungsmächten im Irak vermutlich noch bevorsteht: Die politischen Zentrifugalkräfte innerhalb der verschiedenen Interessengruppen im Irak werden auf Dauer größer sein als der gemeinsame Wunsch, einen demokratischen Irak aufzubauen. Amerikanische Streitkräfte mussten schließlich in Kirkuk und Mosul die kurdische Ordnungsmacht entwaffnen.

Kirkuk, Mosul und die Umgebung dieser Städte sind nach dem Krieg immer wieder Schauplätze ethnischer Konflikte geworden, die eine Spätfolge der Politik Saddam Husseins sind: In den 80er Jahren siedelte er Tausende irakischer Araber in jenen Gebieten an, die traditionell von Kurden besiedelt waren und vertrieb diese in den äußersten Norden des Landes. Nun wollen sich diese einstigen Opfer ethnischer Säuberungen wieder in ihren alten Siedlungsgebieten niederlassen und stoßen auf den erbitterten Widerstand der irakischen Araber. »Wir können nicht ausschließen, dass es zu einer Fluchtwelle der irakischen Araber aus diesen Gebieten kommt«, zeigte sich Kris Janovsky, Sprecher des Flüchtlingshilfswerks der Vereinten Nationen (UNHCR) in Genf, wenige Wochen nach Kriegsende äußerst beunruhigt.[16]

So fiel beispielsweise die Stadt Kirkuk, in deren Umgebung große Ölvorkommen gesichert sind, unter Saddam Husseins Herrschaft und nicht das kurdische Autonomiegebiet. Die Kurden jedoch bezeichnen Kirkuk als ihr eigentliches Kernland. Sogar Todesopfer sind beim Begleichen alter Rechnungen zu beklagen: Mindestens drei Menschen starben bei Feuergefechten zwischen Kurden und Arabern in der Nähe Kirkuks Wochen nach dem Krieg. »Die Menschen üben Rache aneinander. Jeder ist hier bewaffnet«, so ein Arzt, der die Verletzten der insgesamt drei Tage andauernden Kämpfe versorgte.[17]

Jeder gegen jeden?

Im politischen Dreieck von mächtiger Schiiten-Organisation, Irakischem Nationalkongress und Kurdenparteien wird sich, das lässt sich jetzt schon absehen, in Zukunft das wesentliche Machtzentrum im Irak entwickeln. Noch aber lässt sich schwer absehen, auf welchen kleinsten gemeinsamen Nenner sich die konkurrierenden Gruppierungen einigen können. Allzu schwer ist es derzeit vorstellbar, dass der islamisch geprägte Ayatollah al-Hakim, der amerikanisch beeinflusste Ahmed Chalabi und die beiden nur vordergründig vereinten Kurdenführer Barzani und Talabani eines Tages gemeinsam rund um einen Kabinettstisch sitzen und die politischen Geschäfte führen werden.

Um derartige böse Vorahnungen von Beobachtern zu zerstreuen, verweisen die Chefstrategen in Washington gern schon mal auf historisch geglückte Beispiele wie die Etablierung der Nachkriegsordnung in Deutschland oder Japan. Doch so viel Optimismus kann im komplizierten Geflecht der irakischen Gesellschaft höchstens amüsant wirken. »In Deutschland hat man wieder Leute an die entscheidenden politischen Positionen setzen können, die schon in der Weimarer Republik politisch aktiv waren. Im Irak funktioniert das nicht. Die Baath-Partei regierte länger, als es Hitler getan hat«, zweifelt etwa John Pike, Direktor des Instituts »Global Security« in Washington, an der Berechtigung solcher historischen Vergleiche.[18] Außerdem, so Pike, fehle eine Integrationsfigur, wie es sie etwa beim letzten amerikanischen Feldzug in Afghanistan in Gestalt des dortigen greisen Exkönigs Sahir Schah gab. »Es ist eine Illusion zu glauben, man könne im Irak einen demokratischen Führer mit dem Fallschirm abwerfen«, beschreibt der ehemalige UN-Diplomat und Irakkenner Hans von Sponeck die Situation äußerst treffend.[19]

Zerbricht der Irak?

In der Tat ist doch eines der Hauptprobleme der gesamten irakischen Opposition, dass sich ihre einzelnen Gruppierungen entweder auf ethnische oder religiöse Wurzeln stützen. Bei den kurdischen Parteien sind Araber unerwünscht. Die sunnitischen Oppositionsgruppen setzen sich meist aus säkular nationalistischen Arabern zusammen und haben nach dem Sturz Saddam Husseins durchaus berechtigt große Furcht vor einem Verlust ihrer ehemals privilegierten politischen Stellung. Die schiitische Opposition beruft sich auf ihre religiösen Traditionen, und andere kleinere Gruppierungen wie Assyrer und Turkmenen bleiben ebenfalls unter sich.

Verstärkt wird das Problem auch noch dadurch, dass sich die Trennung der verschiedenen ethnischen und religiösen Gruppierungen auch geographisch veranschaulichen lässt. Die Kurden im Norden, die Sunniten im Zentralirak und die Schiiten im Süden. Was wir also im Irak vorfinden, ist ein politischer Diskurs, in dem nicht einmal die territoriale Unversehrtheit des Irak gänzlich tabu ist: Auch wenn etwa die Kurden immer wieder gebetsmühlenartig betonen, dass sie lediglich an einer »weitreichenden Autonomie« interessiert sind, klingen derartige Bekenntnisse eher gezwungen. »Es ist schwierig, eine funktionierende Regierung zusammenzustellen, wahrscheinlich sogar schwieriger als in Afghanistan. Denn im Irak gibt es unter den unterschiedlichen gesellschaftlichen Gruppen noch viel weniger Zusammengehörigkeitsgefühl als etwa in Afghanistan. Im Übrigen kann keine einzige der Oppositionsgruppen für sich die Legitimität der Nachfolge Saddam Husseins beanspruchen«, urteilt Bob Templer, Asiendirektor der Brüsseler »International Crisis Group«.[20]

Comeback der Saddam-Anhänger

Exakt das blieb auch jenen nicht verborgen, die mit dem Sturz der Saddam-Diktatur eigentlich politisch ausgespielt hatten: den Mitgliedern der Baath-Partei. Sie sind die Einzigen, die eine Ahnung davon haben, wie der irakische Laden läuft – und das nützen sie nun aus. So musste die US-Übergangsverwaltung – oder besser: ihre Fragmente – den irakischen Beauftragten für den Wiederaufbau des Gesundheitswesens, Dr. Ali Shenan al-Janabi, schon zehn Tage nach seiner Bestellung wieder feuern. Der Mann hat unter Saddam Hussein im Gesundheitsministerium gedient und sich bestimmt nicht irgendwelcher Verbrechen schuldig gemacht. Aber nachdem ihn die Amerikaner zum Gesundheitsbeauftragten nominiert hatten, weigerte sich al-Janabi öffentlich, von den Zielen der Baath-Partei Abstand zu nehmen. Wütende Proteste der irakischen Ärzte waren die Folge.

Doch wo können die Besatzungsmächte bei ihrem politischen Exorzismus ansetzen, wer von den Tausenden irakischen Beamten darf weiterarbeiten und wer nicht? Reicht also die Mitgliedschaft in der Baath-Partei – immerhin rund 1,8 Millionen Iraker hatten sie – aus, um für alle Zukunft von den Ämtern in der Administration des neuen Staates ausgeschlossen zu bleiben? Eine heikle Gratwanderung, ja vielleicht ist die Frage der Zukunft der ehemaligen Saddam-Parteigänger sogar entscheidend für das Experiment Irak. »Alle halbwegs kompetenten Mitglieder der irakischen Verwaltung waren im Grunde Mitglieder der Baath-Partei. Wenn man die jetzt alle bestraft, wird man genau jene Leute los, die dringend für den Wiederaufbau des Irak notwendig wären«, warnt Kenneth Pollack, Analyst der Brookings Institution.[21]

Allerdings hätten die ersten Tage nach der Befreiung Bagdads den US-Amerikanern eigentlich eine Lehre sein müssen: Weil auch die irakische Polizei sich in nichts auflöste, regierte auf der Straße die reine Anarchie. Wenige Tage später mussten die zwar für den Krieg gut ausgebildeten, aber für die Aufrechterhaltung der Sicherheit einer Stadt miserabel vorbereiteten US-Truppen wohl eingestehen, dass es ohne irakische Hilfe nicht gehen würde.

Knapp einen Monat nach Ende des Krieges arbeiteten wieder 4 000 irakische Polizisten auf den Straßen von Bagdad, regelten den Verkehr und griffen gelegentlich ein, wenn wieder einmal geplündert wurde. Keiner wurde einer genaueren Überprüfung seiner Vergangenheit unterzogen, und einige von ihnen werden wohl mehr auf dem Kerbholz haben als die Mitgliedschaft in der Baath-Partei. Schließlich brauchte man für die großflächige

Folter der Staatsbürger auch das entsprechend geschulte Personal.

Wie sich die US-Herrscher in Zukunft die Ent-Baathisierung vorstellen, erläuterte Anfang Mai der amerikanische Oberbefehlshaber General Tommy Franks: »Wir können nicht in jedem einzelnen Fall alles über eine Person wissen, aber dann werden Menschen zu uns kommen und sagen ›Oh, wartet einen Moment, der hier ist Mitglied der Baath-Partei‹.«[22] Das könnte ein mühsamer Prozess werden, auch wenn Franks die Baath-Partei »für aufgelöst« erklärte.

Wie auch immer mit den ehemaligen Anhängern Saddam Husseins umgegangen wird, so ist aber eines völlig offensichtlich: Der Exdiktator selbst wird in der irakischen Politik keine Rolle mehr spielen können. »Er ist ein altmodischer, blutiger Diktator. Er hat durch Angst und Gewalt regiert und nicht, weil ihm eine mystische Liebe entgegengebracht wurde«, analysierte US-Sicherheitsberaterin Condolezza Rice völlig richtig.[23]

Doch kann es passieren, dass die »aufgelöste« Baath-Partei sich neu bildet und unter anderem Namen zu den ersten freien Wahlen im Irak antritt, ja es vielleicht sogar schafft, den Unmut der Bevölkerung für sich auszunützen? Das wäre keineswegs überraschend. So konnten in allen Staaten des ehemaligen Ostblocks Reformkommunisten nach einer gewissen politischen Durststrecke wieder auf dem politischen Parkett reüssieren, und selbst für Nazi-Sympathisanten in Österreich und Deutschland wurden nach dem Zweiten Weltkrieg politische Kläranlagen geschaffen. Und es zeichnet sich nun auch im Irak ab: Jene, die sich nach Monaten verfehlten Krisenmanagements der Amerikaner und Briten im Irak nicht mehr mit allzu großer Abscheu an Saddams straffe Ordnung erinnern, werden nach einer politischen Alternative dürsten – und dafür kommen nur zwei politische Konzepte in Frage: islamistische Parteien und jene, die sich geschickt um eine Distanzierung von der Saddam-Vergangenheit herumlavieren.

Ein Mikrokosmos für das Aufbegehren von Saddam-Anhängern in einigen Teilen des Irak ist etwa die Stadt Baqubah im Osten des Landes. Dort verfolgten Parteigänger des ehemaligen Baath-Regimes eine Politik der Angstmache, um die gerade neugeschaffenen Machtstrukturen in der Stadt zu behindern: Als sich ein 14-köpfiges Verwaltungskomitee bildete, das ohne einen Vertreter der Baath-Partei arbeitete, streuten die plötzlich Machtlosen gezielt Gerüchte über eine mögliche Rückkehr des Diktators samt anschließender Bestrafung der Verräter. An den Häuserwänden der Stadt tauchten schnell Graffitislogans wie »Lang lebe die Baath-Partei« auf, die allerdings ebenso schnell wieder übermalt wurden.

Überfordert vom anhaltenden Widerstand der Baath-Anhänger zeigten sich auch die amerikanischen Besatzer in Bagdad: Locker organisierte Gruppen von Parteianhängern stellten eine größere Gefahr für die Nachkriegsordnung dar als die andauernde Gewalt auf den Straßen, klagte etwa Mitte Mai der US-General David D. McKierman. Sie würden die – ohnehin mäßigen – Fortschritte beim Wiederaufbau behindern und die Bevölkerung terrorisieren. Für den General ist der Low-Level-Terror der Anhänger des ehemaligen Regimes nicht bloß eine Erscheinung der unmittelbaren Nachkriegszeit. »Diese

Widersacher sind zu einem langen Kampf entschlossen und komplizieren die Aufgabe der Koalitionskräfte«, so McKierman.[24]

Freilich sind Geschehnisse wie jene in Baqubah oder Bagdad noch kein schlagender Beweis für ein Wiedererwachen der ehemaligen Staatspartei. Aber sie sind zumindest ein Indiz dafür, dass die USA mit dem Irak ein Land besetzt haben, das unter einem Netz komplizierter gesellschaftlicher und politischer Verflechtungen liegt und das zu entwirren nicht gerade zu den Kernkompetenzen der amerikanischen Kriegsmaschinerie gehört. Baath ist in den Augen vieler Menschen im Irak nicht unbedingt und zwangsläufig die politische Organisationsstruktur des Bösen und die Befreiung nicht für alle bloßer Aufbruch.

Manche amerikanischen Experten malen schon ein düsteres Szenario. »Die meisten der ehemaligen Baath-Mitglieder glauben noch immer an die nationalistischen und antiimperialistischen Ziele der Partei und werden die Islamisten beim Versuch unterstützen, die amerikanische Herrschaft zu bedrohen«, warnt schon jetzt der US-Analyst Stephen Zunes.[25] Den US-Besatzern droht also eine eher ungemütliche Zukunft, vor allem dann, wenn es zu einem Zweckbündnis zwischen militanten Saddam-Anhängern und Islamisten kommt. Sollten beide Gruppierungen bemerken, dass sie von der politischen Macht ausgeschlossen werden, könnte genau das passieren, wovor die Bush-Administration in ihrem Bemühen auf der Suche nach einem schlüssigen Kriegsgrund immer wieder gewarnt hatten: einer Verbindung islamistischen Terrors mit den Resten des alten Regimes.

Zumindest kurz nach der Beendigung des Krieges hatte es danach ausgesehen, als würden die ersten Untergrundbewegungen von Saddams Gnaden entstehen: Knapp eine Woche nach der Befreiung Bagdads tauchte urplötzlich eine neue Widerstandsgruppe, die »Nationale Front zur Befreiung des Irak«, auf. Sie reklamierten für sich einen Mordanschlag auf Oppositionsführer Achmed Chalabi in Nassirija am 11. April. Obwohl Chalabi offensichtlich völlig unverletzt blieb, bestätigten iranische Quellen, dass es in Nassirija an jenem Tag tatsächlich zu »bewaffneten Kämpfen zwischen zwei irakischen Gruppierungen gekommen ist. Eine davon war Chalabis ›Irakischer Nationalkongress‹«.[26]

Wie schwer wiegend der angebliche Überfall dieser obskuren »Nationalen Front zur Befreiung des Irak« war, lässt sich kaum mehr rekonstruieren. Recht anschaulich aber erläuterte die seltsame Widerstandsgruppe ihre personelle Zusammensetzung und ihre Ziele: Die Befreiungsfront bestehe aus »desintegrierten Einheiten der Republikanischen Garden« sowie aus arabischen Söldnern. Den Eindruck zu erwecken, man habe es bei der Befreiungsfront praktisch mit einem Nachfolgemodell des Saddam-Sicherheitsapparates zu tun, mag lediglich taktisches Kalkül der Gruppe sein, um Angst zu schüren. Doch tatsächlich dürfte es für Guerilleros wie diesen schwierig sein, zu einem Auffangbecken der ehemaligen militärischen Kräfte der Staatsmacht Saddams zu werden. Das Motto der seltsamen Truppe: »Irak mag den Krieg verloren haben, es wird sich aber niemals ergeben oder sterben.«

Zum gegenwärtigen Zeitpunkt ist es noch äußerst unwahrscheinlich, dass die Gruppe über mehr infrastrukturelle Ressourcen verfügt als über ein Faxgerät, mit dem die Presseerklärungen in die Redaktionen dieser Welt geschossen werden. Militante Organisationen wie jene Befreiungsfront könnten aber in der unzufriedenen und durch Diktatur, Krieg und chaotischer Befreiung stark deformierten Gesellschaft möglicherweise rasch Zulauf finden. Aus den Fedajin Saddam werden dann vielleicht die Selbstmordattentäter der nächsten Jahre.

Die Macht der Scheichs

Eine weitere, nicht minder zu wertende Gefahr geht von der Clan- und Stammeskultur im Irak aus. Wie in fast allen arabischen Ländern ist auch die irakische Gesellschaft von derartigen Clanstrukturen durchzogen. Saddam Hussein versuchte zwar während der Blütezeit seines grausamen Schaffens, die Bedeutung der verschiedenen Stämme, allesamt Nachfahren von ehemaligen Beduinen, zu schwächen und so gering wie möglich zu halten. Doch nach dem Ende des zweiten Golfkrieges war eine wohl kalkulierte politische Kehrtwendung vonnöten.

Infolge der verheerenden Niederlage gegen die internationale Allianz im Jahr 1991 flammte der innerirakische Widerstand erneut auf. Um sich seine brutale Herrschaft landesweit zu sichern und zugleich besser gegen Aufständische vorgehen zu können, benötigte der Diktator die Loyalität der Clanchefs. Im Gegenzug verschenkte Saddam Hussein großzügig Ländereien und militärische Gerätschaften an die Stammesfürsten.

Kurz nach dem Beginn des vorerst letzten Irakkrieges rief Saddam Hussein die Stammesfürsten zu erbittertem Widerstand auf. Die US-geführte Militärallianz dürfte nach Ende der Kampfhandlungen aufgeatmet haben, als Scheich al-Bo Aiesa Musahin Ali Karim aus Tikrit den Amerikanern seinen Willen zur Zusammenarbeit versicherte. Als Gastgeschenk hatte der Scheich 80 Sturmgewehre, sechs Granaten, drei Kisten Sprengstoff und allerlei versöhnliche Worte im Gepäck. »Wir brauchen jetzt Frieden. Das Volk braucht Hilfe, Nahrung. Die Waffen müssen abgegeben werden, die brauchen wir nicht mehr«, versicherte Karim den amerikanischen Soldaten.[27] Allein in der Region Tikrit tummeln sich 15 Stammesfürsten. Landesweit leben im Irak rund 150 verschiedene Stämme. Ob Scheich Karim wegen seiner Kooperationsbereitschaft eine Art Vorbildfunktion für andere Clanchefs hat, bleibt abzuwarten.

Kapitel 5

Blindflug in die Demokratie

Ein desaströser Fehlstart

Selbst in den noblen und der derzeitigen Führungsriege im Weißen Haus nahe stehenden Denkfabriken Washingtons machte sich kurz vor Beginn der ersten Angriffe auf den Irak leiser Unmut über die Nachkriegsstrategien der USA breit. Hatten die Chefstrategen im Weißen Haus tatsächlich alle Eventualitäten bedacht? Waren die gemeinsamen Planungen mit den irakischen Oppositionsgruppen tatsächlich so weit gediehen, dass nach einem erfolgreichen Militärschlag die politischen Strukturen tatsächlich völlig neu geschaffen werden könnten? Und schließlich: Ist mit dieser Opposition tatsächlich ein Staat zu machen?

Die Washingtoner Politologin Danielle Pletka hatte schon damals genau daran erhebliche Zweifel: »Es gab Leute in der Bush-Administration, die wollten nicht zu weit planen, weil sie Sorge hatten, dass durch zu weit gediehene Pläne der Wechsel des Regimes für einige Gruppierungen nicht mehr attraktiv genug sein würde. Dann hätten sie's eben geheim halten müssen. Dass man eine derartige Operation so angeht, ist einfach nur dumm.«[1] Dass sich Danielle Pletka zu einer derart scharfen Kritik an der Kompetenz der Bush-Administration hinreißen lässt, muss zumindest erstaunen: Pletka ist Vizepräsidentin des »American Enterprise Institute« und damit einer Denkfabrik, die maßgeblich daran beteiligt war, den politischen Masterplan für die Irakinvasion zu ersinnen. Richard Perle ist mit dem Institut ebenso freundschaftlich verbunden wie US-Vizepräsident Dick Cheney, dessen Frau Lynne gar im Vorstand sitzt.

Dass die USA auf die Mammutaufgabe einer politischen Neuordnung des Irak wohl nur ungenügend vorbereitet waren, beweisen auch die panischen Personalrochaden, die von Washington schon wenige Wochen nach Saddam Husseins Sturz vorgenommen wurden: Exgeneral Jay Garner wurde als Leiter der Zivilverwaltung im Irak ebenso abgelöst – auf ihn folgte der US-Diplomat Paul Bremer – wie Barbara K. Bodin, die für den Wiederaufbau in der Hauptstadt Bagdad zuständig gewesen wäre. Auch eine ganze Reihe weiterer US-Verwalter musste schon nach Wochen mehr oder minder erfolgloser Versuche, das Land neu zu ordnen, ihren Hut nehmen. Dass die Amerikaner rund einen Monat nach dem Sturz Saddams ihre eigene Führungsmannschaft austauschen mussten, lässt nur einen Schluss zu: Was im Irak betrieben wurde, war ein übler Fehlstart.

Dessen sind sich mittlerweile auch jene Oppositionsführer bewusst, die am engsten mit dem geschassten Garner zusammengearbeitet haben. »Der Wechsel in der amerikanischen Führungsspitze hat einen negativen Effekt«, so Kurdenführer Massud Barzani in einem Interview.[2] Ebenfalls in diese Kerbe schlug auch Adnan Pachachi, ein ehemaliger irakischer Außenminister, der nach 32 Jahren Exil wieder in sein Heimatland zurückgekehrt ist. Einen Tag nach der Ankunft des neuen US-Verwalters Paul Bremer warf er den Amerikanern schwere

Versäumnisse beim Wiederaufbau der Staatsstrukturen vor: Es müsse schnell eine Übergangsregierung gebildet werden, denn darauf »konzentrieren sich alle Hoffnungen der Iraker. Keine fremde Macht kann diese Aufgaben übernehmen, denn die Iraker drängen darauf, selbst über ihr Land zu bestimmen«.[3]

Das Afghanistan-Modell

In den Wochen nach dem Einmarsch der US-Armee in Bagdad allerdings wurden die Iraker immer wieder vertröstet, wenn es darum ging, eine politische Vertretung zu konstituieren. Ursprünglich nämlich sollte alles ganz schnell gehen: Eine siebenköpfige Gruppe der einflussreichsten Oppositionsführer hätte die Aufgabe übernehmen sollen, den Kern einer irakischen Übergangsregierung zu bilden. Dazu gehörten der Chef der »Patriotischen Union Kurdistans«, Jalal Talabani, sein Rivale Massud Barzani von der »Kurdischen Demokratischen Partei«, Abd al-Asis al-Hakim, Ayatollah Mohammed Bakir al-Hakims jüngerer Bruder, und Ijad Alawi vom »Irakischen Nationalen Einklang«, einer Gruppe ehemaliger irakischer Offiziere, die mehrheitlich in den Westen übergelaufen sind. Das Gremium sollte noch um einen Christen und einen Sunniten erweitert werden.[4] Spätestens Anfang Juni, so der ambitionierte Plan, hätte dieses Gremium seine Arbeit aufnehmen sollen. Zwar war bis zuletzt unklar, welche Kompetenzen die sieben Männer gehabt hätten, immerhin aber hätte den Irakern verdeutlicht werden können, dass die Besatzer es nicht darauf anlegen, den Irak zu einer Kolonie mutieren zu lassen.

Doch wenige Wochen nach Veröffentlichung dieses Plans zogen die Besatzer offenbar die Notbremse. Nach einem Treffen mit dem britischen Diplomaten John Sawers, der als Vertretung des britischen Premierministers Tony Blair nach Bagdad geeilt ist, war am 15. Mai von der schnellen Bildung einer irakischen Übergangsregierung keine Rede mehr.

»Es ist ziemlich einleuchtend, dass man nicht die gesamte politische Macht auf eine derartige Interimskörperschaft konzentrieren kann, weil sie weder über die Stärke noch über die Ressourcen verfügt, um eine derart große Verantwortung zu übernehmen«, sagte Sawers. »Es gibt aber eine Übereinstimmung dahingehend, dass wir versuchen sollten, so schnell wie möglich eine Nationalversammlung zu konstituieren«, so Diplomat Sawers.[5]

Es ist schwierig, die Motivation für diesen plötzlichen Stimmungsumschwung der besatzenden Befreier herauszufiltern, wahrscheinlich aber befürchteten Amerikaner und Briten durchaus wohlbegründet, dass ein siebenköpfiges Gremium einander meist feindlich gesinnter Oppositionschefs, die noch dazu ohne jede Legitimation durch die Iraker dahinregieren, wohl eher ein Hemmnis für den demokratischen Transformationsprozess sein könnte.

Als Ausweg aus dieser Krise drängte sich das »Afghanistan-Modell« förmlich auf: Ähnlich der Loya Jirga (Große Ratsversammlung) in Afghanistan sollte eine Nationalversammlung von rund 300 Delegierten eine Übergangsregierung wählen. Das ermöglicht den Besatzungsmächten auch einen wesentlich größeren Einfluss auf die personelle Besetzung dieser Interimsregierung. Bei der Loya Jirga im Juni 2002 wurden Delegierte von den Amerikanern bestochen, um den in Afghanistan selbst eher unbekannten und unpopulären Hamid Karsai auf den Präsidentenstuhl zu befördern.[6] Mittlerweile ist Karsai in weiten Teilen Afghanistans derart machtlos, dass er von den Afghanen nur noch als »Bürgermeister von Kabul« verspottet wird. Der Versuch der Etablierung einer Scheckbuchdemokratie hätte also durchaus Tradition in der Geschichte der amerikanischen Militärinterventionen im Kampf gegen den Terror, würde aber nicht unbedingt dafür sorgen, dass die Iraker sich mit ihrer neuen Regierung identifizieren. Gerade aber in einem zerrissenen Land wie dem Irak mit seinen Stämmen, Ethnien und Religionen bedarf es einer Identifikationsfigur an der Spitze.

Mittlerweile jedoch scheint die Konstitutierung einer Nationalversammlung schon wieder fraglich: Übergangsverwalter Paul Bremer favorisierte im Juni 2003 die Schaffung eines Gremiums aus 25 bis 30 Oppositionellen, die beratend tätig sein dürfen.

Ideen ohne Zukunft

Dass die US-Besatzer in den Wochen nach Beendigung des militärischen Einsatzes beinahe täglich mit neuen Vorschlägen zur Schaffung einer halbwegs demokratischen Nachkriegsordnung aufwarteten, hat zu einer tiefen Verunsicherung der Iraker geführt. Das Vertrauen in die Existenz eines großen, geradlinigen Plans ist damit wohl endgültig vernichtet und auch das Bild der Amerikaner als Demokratieprofis nicht wirklich gefestigt, wenn nicht sogar erschüttert. Nicht mehr als Stückwerk scheinen die Pläne der USA zu sein; je nach politischer Konjunkturlage gehen sie mit immer neuen Konzepten hausieren. Der Phantasie der Amerikaner waren in den Wochen vor und nach dem Krieg keine Grenzen gesetzt. Die Liste der Provisorien ist lang:

Variante eins: Den US-Verwaltern steht jenes siebenköpfige Führungsgremium aus ehemaligen irakischen Oppositionellen zur Seite, das zumindest beratend tätig ist. Zwar wäre damit das ethnische und religiöse Gleichgewicht halbwegs gewahrt, doch erstens ist nach wie vor unsicher, welche Kompetenzen die irakischen Minister haben werden, und zweitens garantiert auch die Rücksichtnahme auf die im Irak lebenden Ethnien und die verschiedenen Religionen keineswegs eine ruhige Transformation zu einem neuen Staatswesen. Status: ad acta gelegt.

Variante zwei: Die wesentlichen irakischen Oppositionsgruppen beschlossen exakt am Tag von Saddam Husseins 66. Geburtstag, am 28. April, eine Nationalversammlung mit 350 Delegierten einzuberufen, die sich letztendlich auch für eine Übergangsregierung entscheiden soll. Anfang Juni 2003 sollte diese Übergangsregierung konstitutiert sein. Status: Nachdem der Termin für die Konstitutierung der Versammlung mehrmals verschoben wurde, ist derzeit unklar, ob es den US-Besatzern überhaupt konveniert, eine solche stattfinden zu lassen.

Variante drei: Es existierten Pläne, wonach im Irak einfach ein 23-köpfiges Gremium amerikanischer Minister eingesetzt werden sollte, die von jeweils vier Irakern beraten werden. Angesichts der immer stärker in den Antiamerikanismus driftenden Stimmung unter der irakischen Bevölkerung sind solche Pläne wohl nicht unbedingt opportun, auch wenn sie den Amerikanern die absolute Kontrolle gewährleisten würden. Status: vorerst ad acta gelegt.

Variante vier: Die amerikanischen Verwalter halten sich ein Ratgeber-Gremium, personell gespeist aus 25 bis 30 irakischen Oppositionellen. Nachdem Bremer die Idee einer Nationalversammlung Anfang Juni vorerst fallen gelassen hatte, scheint dies das wahrscheinlichste Szenario einer Beteiligung irakischer Politiker am demokratischen Wiederaufbau. Auch wütende Proteste der Opposition konnten Bremer bislang nicht von seiner Entscheidung abbringen. Die Besatzungsmacht zementiert damit ihren monopolistischen Anspruch auf die Regierungsbefugnisse im Irak. Status: nach Verwerfung der Idee einer Nationalversammlung das derzeit favorisierte Modell der USA.

Angesichts der vielen parallelen und gleichzeitig einander ausschließenden Modelle für neue politische Strukturen im Irak haben viele Iraker ihre Zuversicht verloren. Die politischen Pendelbewegungen der Besatzer jedenfalls wirken in einem zerstörten Land wie dem Irak strafverschärfend. Kein Ministerium arbeitete mehr in den Wochen nach dem Krieg. Aus Angst vor Repressalien durch die Amerikaner waren die meisten Mitarbeiter staatlicher Organisationen zu Hause geblieben.

Eine weitere Frage stellt sich nun: Worauf soll denn der demokratische Wiederaufbau des Irak überhaupt basieren, wenn die Besatzungsmächte – teilweise aus gutem Grund – die gesamten 35 Jahre irakischer Staatsentwicklung seit der Machtübernahme durch die Baath-Partei ausradieren? Nach welchen Kriterien soll man das ehemalige Personal des Staatsapparates ausfiltern? Wo ziehen die US-Verwalter die Grenze zwischen pflichtbewusstem Beamten und Schergen des Saddam-Regimes?

So viel steht fest: Vor den Besatzern steht eine zivilisatorische Aufgabe ungeahnten Ausmaßes, und schon jetzt befürchten einige Experten, dass die US-Amerikaner schnell die Lust am Management eines weiteren Staates verlieren. »Die USA haben eine Abscheu vor Aufgaben, die das Nation Building betreffen«, sagt Marc Burgess, Direktor des Washingtoner »Center for Information Defense«.[7] Wenn die Vereinigten Staaten diese Abscheu nicht bald überwinden, wird der Irak wohl auf längere Zeit im Chaos versinken.

Barbecue nach der Barbarei

Dabei hatte ursprünglich alles so optimistisch begonnen: Zur Amtseinführung in Bagdad schmiss Jay Garner ein opulentes Fest in einem Palast Saddam Husseins. Unter riesigen Saddam-Statuen und anderen Relikten des Persönlichkeitskults rund um den ehemaligen Diktator wurden Würstchen gegrillt und Hamburger gebraten. Ein Barbecue ganz nach dem Geschmack Garners und seiner rund 350 Mitarbeiter. »Ich habe diesen Palast von

Saddam gemietet«, witzelte der Chef der Übergangsverwaltung noch. Doch der neue Mieter hatte nicht lange Freude am Saddam-Kitsch. Drei Wochen später war er schon wieder Geschichte.

Dass Sand im Getriebe des demokratischen Wiederaufbaus war, hatte seine Wurzeln aber nicht allein in der ungenügenden Vorbereitung auf den Sieg und das, was dem militärischen Triumph folgen sollte. Es war wohl auch peinlicher Ausdruck des schwelenden Machtkampfs zwischen dem US-Außenministerium und dem Pentagon. Als die ersten amerikanischen Truppen Bagdad erreichten, setzte zwischen den Beamten in den Ministerien Colin Powells und Donald Rumsfelds schon heftiges Gezerre um die Posten im Irak ein: Jay Garner galt als Mann Rumsfelds, sein Scheitern ermöglichte es Powell, den langjährigen Diplomaten und angeblichen Terrorismusexperten Paul Bremer auf Garners Stuhl zu setzen.

Bremer, der derzeitige Regent von Powells Gnaden, vertrat übrigens noch im Frühjahr des Jahres 2002 eine interessante These zu Washingtons Regimewechselplänen im Irak: »Wir müssen nicht unbedingt Saddam Hussein entfernen, um die Herstellung von Massenvernichtungswaffen zu stoppen. Und es gibt keine Garantie dafür, dass das auf Saddam Hussein folgende Regime auf die Herstellung dieser Waffen verzichten würde.«[8]

Die USA, dieses Eindrucks kann man sich auch bei allem Wohlwollen gegenüber den demokratisch motivierten Zielen Washingtons nicht erwehren, stehen in den Monaten nach dem militärischen Triumph im Irak selbst isoliert da: Der amerikanische Protegé Ahmed Chalabi zeigt deutliche Distanz zu den Besatzern, um seine durch lange Jahre des Exils zwangsläufig entstandene Entfremdung zu den Menschen im Irak zu überwinden. Die islamischen Parteien, jahrzehntelang von Saddam Hussein verfolgt, wittern ihre Chance, einen Staat nach ihrem Geschmack auszurufen, und finden ein reiches Reservoir an neuen Parteigängern, die schon allein wegen des verfehlten Krisenmanagements der Amerikaner ein Ventil für ihre Wut brauchen und in den saftigen Reden der religiösen Führer genau das finden. Die Anhänger des ehemaligen Diktators und vielleicht auch jene, die nur einen graduellen Unterschied zwischen den Übeln der bisherigen Besatzungszeit und den Übeln der Diktatur erkennen, sammeln sich wieder und suchen nach politischer Organisation.

Die USA stehen also im Irak einer ablehnenden Front der alten und neuen politischen Kräfte und Gruppierungen gegenüber, die doch eigentlich die Hoffnungsträger für die Zukunft sein sollten. Und weil Washington offensichtlich völlig überfordert mit der Implementierung geordneter demokratischer Strukturen ist, beherrschte wochenlang Chaos die irakischen Städte.

Eine irakische Übergangsregierung ist keineswegs ein Garant für eine halbwegs geordnete Transformation, sondern birgt bei entsprechender Intervention der Amerikaner das Risiko in sich, dass zwar dem Westen geneigte, im Irak aber völlig unpopuläre politische Figuren an die Macht kommen. Deren Herrschaft müsste dann um so intensiver durch amerikanische Militärpräsenz gesichert und durchgesetzt werden. Und als wäre das nicht genug »Management by Chaos«, scheinen auch die Kurden im Nordirak einiges daranzusetzen, die Auflösung des Staates voranzutreiben, um vielleicht eines Tages doch noch ihren eigenen Staat zu erhalten.

Andererseits jedoch verbieten sich die Vereinigten Staaten jegliche Einmischung von eigentlich dazu kompetenten Organisationen wie etwa den Vereinten Nationen. Der Weltorganisation wird gerade mal der nicht sehr ehrenhafte Platz des Hilfsgüterlieferanten zugewiesen. Die USA befinden sich letztendlich in einem Dilemma, das sie sich selbst eingebrockt haben: Wer unilateral handelt, muss auch die nötigen politischen und personellen Ressourcen haben, um unilateral zu regieren.

Kapitel 6
Mission Impossible

Ein Präsident hat eine Vision

Der Präsident war ganz in seinem Element. Mit einem dem Thema angemessenen Pathos erklärte George W. Bush am 26. Februar, nur knappe vier Wochen bevor die ersten Bombardements auf Bagdad starteten, die Grundzüge seines großen Plans für den Nahen und Mittleren Osten[1]: »Ein neues Regime im Irak wird als dramatisches und inspirierendes Beispiel der Freiheit für andere Nationen in der Region dienen.«[2] Des stillen Einverständnisses der versammelten Zuhörerschaft konnte sich der Präsident absolut sicher sein, denn als Ort für seine Grundsatzrede hatte sich Bush den Festsaal des »American Enterprise Institute«, einer neokonservativen Denkfabrik ausgesucht.

Unter den Zuhörern von damals war auch Danielle Pletka, Vizepräsidentin des Instituts und hartnäckige Souffleuse der Bush-Administration bei der öffentlichkeitswirksamen Vermarktung der Idee von der grenzenlosen Demokratie zwischen dem Iran und Marokko: »Wir im Westen tun nicht, was die Menschen in dieser Region wollen. Denn wenn Sie sich den Entwicklungsbericht der Vereinten Nationen ansehen, so werden Sie feststellen, dass diese Region sich in totaler Auflösung befindet. Überall auf der Welt wollen die Menschen ein freies Leben führen. Da gibt es überhaupt keinen Unterschied zwischen einer Person hier in Washington und einem Menschen irgendwo im Nahen Osten.«[3]

Noch lange bevor überhaupt die letzte Entscheidung zum Krieg gegen den Irak gefallen war, übte sich die herrschende Klasse in Washington also schon in Trockenübungen zur Etablierung grenzenloser Demokratie. Der Irak sollte dabei, so Pletka schon im Herbst 2002, ein »Modellfall« werden.

Doch während Bush noch seine Rede hielt, arbeiteten offensichtlich visionslose Beamte des US-Außenministeriums nur wenige Kilometer entfernt an der Fertigstellung eines geheimen Berichts, der die schöne Bush-Theorie gleich wieder demontierte: Der Bericht mit dem Titel »Irak, der Nahe Osten und der Wechsel: kein Dominoeffekt«, fertiggestellt eben an jenem 26. Februar, zieht in Zweifel, dass ausgehend vom Irak eine demokratische Welle über sämtliche autokratischen oder im Idealfall semidemokratischen Regime der Region schwappen könnte und dass dabei gleichzeitig noch traditionelle Interessen der Vereinigten Staaten oder des Westens gewahrt werden könnten. »Liberale Demokratien zu etablieren wird schwierig sein«, heißt es da und – alarmierend für die USA: »Demokratische Systeme könnten von antiamerikanischen Elementen ausgenützt werden.« Kurzum: die Dominotheorie wird im Zweifelsfall nicht funktionieren, und sollte sie doch funktionieren, wird das die USA vor erhebliche Schwierigkeiten stellen.

Dass der Bericht, als geheim klassifiziert, trotzdem durch undichte Stellen im US-Außenministerium gesickert ist und offensichtlich an die Medien weitergegeben wurde, muss nicht unbedingt ein Betriebsunfall des bürokratischen Apparates im Ministerium von Colin Powell gewesen sein. Dahinter könnte durchaus eine Absicht stecken, denn die Idee von der demokratischen Erlösung der arabischen Straße findet ihre Förderer besonders im Umfeld des mit Powell verfeindeten US-Verteidigungsministers Donald Rumsfeld und seines Stellvertreters Paul Wolfowitz. Powell nämlich hat in seinem politischen Alltag täglich mit den Despoten des Nahen Ostens zu tun und hält die Strategie der Eindämmung eher für praktikabel als das Jahrhundertprojekt eines demokratischen Wechsels. Wolfowitz etwa träumte vom Irak als »erster arabischer Demokratie«. Eine demokratische Transformation im Irak würde »einen sehr langen Schatten werfen, beginnend mit Syrien und dem Iran, aber auch über die gesamte arabische Welt«. Die Beschreibung der demokratischen Ambitionen als »Schatten« über der arabischen Welt offenbart unfreiwillig einen wahren Kern. Denn tatsächlich kann es passieren, dass sehr dunkle und sehr bedrohliche Wolken über der Region aufziehen, wenn sich der US-Präsident tatsächlich entschließt, demokratische Werte in einer Weltgegend zu etablieren, die diese Werte nicht kennt.

Demokratie nämlich ist nicht unbedingt etwas, was importiert werden kann wie Güter des täglichen Bedarfs. Demokratie muss wachsen, und die Sehnsucht nach ihr muss in den von Despoten geschundenen Völkern keimen, verordnet werden kann sie nicht. Den Völkern des Nahen Ostens muss der Spielraum eingeräumt werden, sich selbst von den Fesseln der Diktatur zu befreien, alles andere wäre allzu leicht als Element der Durchsetzung amerikanischer Interessen zu interpretieren. Nur durch einen Prozess der Demokratisierung von innen, und sei er auch noch so mühsam, könnte auch sichergestellt werden, dass nicht allein »antiamerikanische Elemente« die Segnungen des politischen Pluralismus für sich ausnützen.

Die Hinwendung der USA zur Durchsetzung der Demokratie im Nahen Osten bedeutet eine erstaunliche Zäsur in der Außenpolitik der letzten verbliebenen Supermacht. Bis in jüngste Zeit nämlich kooperierten die Vereinigten Staaten auch schon mal gern mit ausländischen Diktatoren, solange diese nur die Interessen der USA in der jeweiligen Weltregion zu sichern wussten. Wir erinnern uns: Auch Saddam Hussein gehörte einst zu dieser Gruppe der gehätschelten Despoten, hat sich aber aus dem Gunstkreis der USA katapultiert, als er 1990 Kuwait okkupiert hatte. Das Kalkül der USA bei der Unterstützung diverser Autokraten war schlicht, die Stabilität in der jeweiligen Region zu fördern.

Heute sieht man in den Politzirkeln Washingtons beschämt auf diese Vergangenheit. »Außenpolitik mit Diktatoren ist natürlich leichter. Aber nach dem 11. September sind wir aufgewacht. Wir haben eben viele Fehler gemacht, aber jetzt sollte es der Job der Vereinigten Staaten sein, die Freiheit zu fördern«, so Bush-Beraterin Pletka.[1] Schöne Worte. Besonders in einer an Autokratien reich gesegneten Region wie dem Nahen Osten und dem gesamten arabischen Raum. »Demokratie, die für freie Wahlen, Verantwortung, Transparenz, der Herrschaft des Gesetzes und den Schutz von Menschenrechten steht, ist eine verbotene Frucht«, beschreibt Azzam Tamimi, Direktor des Instituts für islamische Politik in London, die

Befindlichkeiten zwischen Rabat und Teheran.[5] Von dieser »verbotenen Frucht« haben bislang allerdings auch die USA bei ihrem Engagement in der erdölreichen Region nicht genascht. Ihre Definition von Demokratie kannte nur zwei Merkmale: erstens das Bekenntnis zur freien Marktwirtschaft und zweitens die Unterstützung von US-Interessen.

Demokratie als politischer Bumerang

Was mag die USA zu der Annahme bewogen haben, dass ein demokratischer arabischer Raum bessere politische Perspektiven bietet und vor allem ein Rezept gegen den Terrorismus sein könnte, der die USA am 11. September 2001 so schwer heimgesucht hat? Derzeit befindet sich die Region in einer gewaltsam durchgesetzten halbwegs stabilen Lage. In Gegenden, wo es gärt, schicken die herrschenden Diktatoren ihre Sicherheitskräfte und lassen jeden Protest im Keim ersticken. Länder wie Syrien sind zu einer Art Erbdiktatur geworden, in der die Söhne die politische Macht von ihrem Vater übernehmen. Das garantiert Kontinuität.

Andere Staaten wie Ägypten gehen den politischen Weg der Semidemokratie. Dort wird Staatspräsident Hosni Mubarak mit schöner Regelmäßigkeit von über 90 Prozent der Ägypter in seinem Amt bestätigt, und islamistische Strömungen werden brutal unterdrückt. Im Iran kämpft die geistliche Elite mit reformistischen Kräften um die Macht, und dieser Kampf ist bislang nicht endgültig entschieden. Fazit: Demokratie wird nur so lange geduldet, wie sie nicht ernsthaft das Machtmonopol der herrschenden Klasse oder die Interessen der USA gefährdet.

Der Irak soll nun ein leuchtendes Beispiel sein – als Oase der Demokratie in einer Wüste des Nepotismus und der Diktaturen. Das wird auch die Völker in der Nachbarschaft beeinflussen. Wenn das Experiment klappt – wonach es freilich derzeit keineswegs aussieht –, wird es auch merkliches Aufbegehren in der Nachbarschaft geben. Politikexperten warnen daher jetzt schon: »Der demokratische Anspruch ist die schlechteste Idee in der politischen Konzeption der Amerikaner«, so BobTempler, Asiendirektor der »International Crisis Group«.[6]

Aber auch andere Gründe lassen daran zweifeln, ob die USA sich selbst und auch dem Westen mit ihrem missionarischen Eifer bei der Demokratisierung einen guten Dienst erweisen: Wenn nämlich Demokratie tatsächlich zugelassen wird, werden islamische Fundamentalisten dies für sich nutzen können und in beinahe allen dieser Staaten bei freien Wahlen grandiose Siege davontragen. »Wenn den Vereinigten Staaten an Demokratie gelegen ist, dann müssen sie anerkennen, dass die dortigen Regime nur demokratisch herausgefordert werden können, wenn es eine starke Opposition gibt. Die gibt es, aber sie wird von islamistischen Parteien dominiert. Daher sind die Islamisten der Schlüssel zur politischen Transformation im Nahen Osten«, so Politikprofessor Azzam Tamimi.[7]

Aber der Drang zu einem fundamentalen Verständnis der islamischen Lehre manifestiert sich nicht bloß in politischem Protest. Auch in ihren Konsumgewohnheiten zeigen die Menschen ihre Hinwendung zum Islam. Der populärste Sänger in Ägypten ist Shaaban Abdel-Rahim. Seine Platte mit dem eindeutigen Titel »Ich hasse Israel« wurde in seinem Heimatland fünf Millionen Mal verkauft, und sein mit Amerikahass jonglierender Song »Mama America« gehörte lange Zeit zu den Hitparadenstürmern in Ägypten. Die Stimmabgabe der Ägypter in den Musikläden sollte für die USA ein alarmierendes Signal sein. Denn zu den strategischen Interessen der USA im Nahen Osten gehört nun einmal der Schutz Israels – im Übrigen der einzigen liberalen Demokratie in dieser Weltgegend –, und es ist fraglich, ob abgewrackte und militärisch schwache Diktatoren, wie Saddam Hussein einer war, eine größere Bedrohung für Israel darstellen als Demokratien, in denen Islamisten an der Macht sind. Ob Ägypten, Jordanien oder auch Syrien: Überall sorgen Diktatoren und Monarchen dafür, dass die arabische Straße sich nicht ihren Weg bis Tel Aviv bahnt. Die Sicherheit Israels ist ein entscheidender Faktor für die Konzeption der Demokratisierung des arabischen Raumes.

Dieser Gefahr ist sich selbst Ägyptens Präsident Hosni Mubarak, ein enger Freund Amerikas und großer Feind der Menschenrechte, bewusst. »Wenn die Amerikaner über Demokratie im Nahen Osten sprechen, wer wird ihrer Meinung nach die Macht übernehmen? Demokraten?«, fragte er einmal einen amerikanischen Journalisten arabischer Herkunft und gab auch gleich selbst die Antwort. Nein, es würden die Leute von der muslimischen Bruderschaft sein und deren Verbündete in Kairo, Amman und Riad.[8] Der Rundumschlag Mubaraks geht auf verstärkten Druck der USA zurück, in Ägypten demokratische Reformen zuzulassen.

Überall dort im Nahen Osten und im arabischen Raum, wo die zarte Pflanze der Demokratie schließlich zum Blühen gekommen ist, haben Islamisten den schönen Traum zunichte gemacht: In Algerien folgte ein blutiger Bürgerkrieg, als Islamisten sich anschickten, die Wahlen zu gewinnen, und selbst im NATO-Land Türkei muss das Militär mit allerlei politischem Regelwerk die laizistische Tradition bewahren. Amerikanische Interessen aber wurden etwa in der Türkei ganz und gar nicht gewahrt, auch wenn dort noch relativ freie Wahlen stattfanden. Gerade im Irakkrieg verweigerte sich die Türkei – geführt von einer gemäßigt islamischen Regierung – dem Ansinnen der Vereinigten Staaten, auf ihrem Staatsgebiet eine Nordfront gegen Saddam Hussein aufzubauen.

Da nützten auch die Milliarden US-Dollar aus Washington nichts. Denn selbst die als »Wirtschaftshilfe« getarnte Bestechung der USA konnte nichts daran ändern, dass die türkische Regierung sich der öffentlichen Meinung beugen musste: Neun von zehn Türken waren laut Meinungsumfragen gegen den Irakkrieg. Der amerikanische Nahostexperte Shibley Telhami geht sogar so weit zu behaupten, dass die Einrichtung demokratischer Mechanismen in dieser Region beinahe ein Garant dafür sei, dass die USA ihren Einfluss verlieren: »Es ist gerade die Abwesenheit von Demokratie, die es autoritären Regimen ermöglicht hat, auf die unpopulären Wünsche der USA zu reagieren.«[9]

Man muss nicht einmal die komplizierten Verhältnisse in der arabischen Welt betrachten, um rasch zu bemerken, wie verwegen die Annahme der Bush-Administration ist, Demokratie würde quasi zwangsläufig amerikanische Interessen unterstützen. Da reicht schon ein Blick nach Berlin. Unter dem Druck der öffentlichen Meinung und vielleicht auch als letzten verzweifelten Ausweg, doch noch zu einer zweiten Legislaturperiode zu kommen, hatte sich Bundeskanzler Gerhard Schröder bis zuletzt immerhin konsequent gegen eine militärische Intervention im Irak gewandt. Ein Schuss vor den Bug für jenes Land, das durchaus zu Recht behaupten kann, den Deutschen die Demokratie überhaupt beigebracht zu haben. George W. Bush nimmt die gelungene Demokratisierung Deutschlands gern schon mal als historischen Beweis, dass Demokratisierung möglich ist – auch wenn weder die Umstände in Deutschland und im arabischen Raum noch die Staaten miteinander vergleichbar sind. Er meint, Demokratie sei ein Garant für die Deckungsgleichheit amerikanischer Interessen und jener der demokratischen Staaten. Wie sehr er damit irrt, zeigen die Ereignisse in Deutschland im Herbst 2002.

Da wurden dann im Weißen Haus ganz schnell Versuche unternommen, die demokratischen Gegebenheiten in Deutschland zu beeinflussen. In den Büroräumen des Weißen Hauses fanden damals – teilweise unter Anwesenheit von Vertretern der deutschen Wirtschaft – mehrere Besprechungen von Mitarbeitern der Bush-Administration statt: Sie sollten Strategien entwickeln, die widerspenstige rot-grüne Bundesregierung in Berlin im Idealfall aus dem Amt zu intrigieren oder zumindest ihrem Ansehen in der Bevölkerung zu schaden. Als Hebel sollte damals die unter Umständen optimierungswürdige Wirtschaftspolitik der Bundesregierung fungieren.[10] Man hoffte damit den von großen Teilen der deutschen Bevölkerung mitgetragenen Widerstand Berlins gegen die Kriegslust der Vereinigten Staaten zu brechen.

Ein anderes Beispiel für eine gefährliche Kollision zwischen demokratischem Anspruch und außenpolitischer Wirklichkeit ist die koreanische Halbinsel. Dort weht den Amerikanern, die angetreten sind, Südkorea gegen den Steinzeitkommunismus des Nordens zu schützen, seit der Amtsübernahme durch den neuen südkoreanischen Präsidenten Roh Moo Hyun ein scharfer Wind entgegen. Der neue Präsident – er spricht pikanterweise kein Englisch – kam auf einem dezidiert antiamerikanischen Ticket in den Präsidentenpalast in Seoul. Die USA haben nun keinen Dank mehr zu erwarten für ihre jahrzehntelangen Bemühungen, das marktwirtschaftliche Südkorea gegen die rote Gefahr aus dem Norden zu schützen. Südkorea wünscht eine weniger von Konfrontation geprägte Politik gegenüber Pjöngjang, und besonders die Jugend Südkoreas unterstützt dieses Bestreben des neuen Präsidenten.

Demokratie also ist eine komplizierte Sache und keineswegs ein Automatismus, den Interessen der Wiege der Demokratie zu dienen. Selbst im »alten Europa« (O-Ton Donald Rumsfeld) und noch viel mehr in Regionen wie dem Nahen und Mittleren Osten.

Arsenale für die Demokratie

Die USA verbinden mit der Demokratisierung der arabischen Region die vage Hoffnung, dadurch Terroranschläge wie am 11. September 2001 vermeiden zu können, doch mehr als ein akademisches Konstrukt und Wunschdenken ist das nicht. Auch wenn die konkreten Wohltaten der Kampagne für Freiheit, Menschenrechte und demokratische Mitbestimmung eher im Verborgenen bleiben, so zeichnet sich jetzt schon ab, wie das Endziel erreicht werden soll. In den nächsten Monaten und Jahren werden wir – sollte sich die Besetzung im Weißen Haus nicht ändern – die Durchsetzung einer Eskalationsstrategie erleben, die wir schon aus dem Irak kennen. Als Instrumentarium werden Verdächtigungen dienen, die betreffenden Staaten hätten illegal Massenvernichtungswaffen gehortet – ein politisches Drehbuch, das jetzt schon in Hinblick auf Syrien und den Iran bemerkbar ist.

Bereits während des Irakkrieges deckten die USA Syrien mit diversen Verdächtigungen ein, sie hätten Saddams Arsenal an biologischen und chemischen Waffen im eigenen Land versteckt und würden auch selbst an der Entwicklung solch todbringender Waffensysteme arbeiten. »Syrische Massenvernichtungswaffenprogramme müssen offengelegt werden, und Syrien sollte sie aufgeben«, wetterte US-Sicherheitsberaterin Condolezza Rice.[11] Dass man sich ausgerechnet Syrien zugewandt hatte, lässt sich zweifach begründen: Erstens herrscht dort ebenfalls ein Regime der Baath-Partei, die ursprünglich sogar in Syrien gegründet und erst in den

Irak exportiert worden war, und zweitens bedroht Syrien durch seine Finanzierung von Terrororganisationen wie der Hisbollah auch die Sicherheit Israels.

Schon kurz nach dem Besuch von US-Außenminister Colin Powell in Damaskus setzte das Regime von Baschar al-Assad allerdings ein erstes Zeichen des Einlenkens: Die Büros der Terrororganisation in Damaskus wurden geschlossen. Damaskus unter Druck zu setzen bedeutet in der Logik der Vereinigten Staaten auch, den Libanon disziplinieren zu können. Immerhin 20 000 syrische Soldaten sind in dem kleinen Küstenland nördlich Israels stationiert, und Damaskus geriert sich im Libanon, als wäre das Land ein Protektorat Syriens.

Gerade im Libanon sind allerdings die operativen Einheiten von Terrororganisationen wie der Hisbollah beheimatet, im Parlament in Beirut sitzen sogar neun Abgeordnete der Hisbollah. Die reagierte schon einmal auf die Drohungen der Vereinigten Staaten. »Den Begriff Rückzug gibt es im Wörterbuch der Hisbollah nicht«, meinte ein Vertreter der Terrororganisation.[12] Es bleibt also fraglich, ob der amerikanische Druck tatsächlich zum gewünschten Ergebnis führt.

Ebenfalls im Zielkreuz der USA befindet sich der Iran, und zwar aus beinahe den gleichen Gründen wie Syrien. Washington hat in den vergangenen Monaten mehrmals darauf hingewiesen, dass der Iran möglicherweise an der Entwicklung nuklearer Waffen arbeitet. »Das iranische Nuklearprogramm ist viel weiter, als wir noch vor einigen Monaten gedacht haben, und das sollte uns nachdenklich stimmen«, meinte etwa Paul Leventhal, Gründungsvater des Washingtoner »Nuclear Control

Institute« erst Anfang Mai. Er geht davon aus, dass der Iran »in zwei, drei Jahren in der Lage wäre, eine Atombombe herzustellen«.[13] Derartige Vorwürfe machten die USA auch dem Irak.

Im Falle Irans ist die Konfrontation mit der Weltmacht USA besonders bedauerlich, denn die reformorientierten Kräfte um Präsident Muhammad Khatami in Teheran können einen Konflikt mit Washington derzeit wirklich nicht brauchen. Der Konfrontationskurs der USA gegenüber dem Iran und die Sanktionen, die notwendige Investitionen verhindern, helfen den Reformern nicht. Statt dessen werden eher die konservativen Kräfte gestärkt werden.

Die Angst vor Massenvernichtungswaffen mit dem Anspruch auf demokratische Reformen zu verquicken passt auf geradezu geniale Weise in die geopolitischen Pläne des Weißen Hauses: Hier trifft sich die Doktrin der präventiven Militärschläge mit der großartigen Vision einer »Pax Americana«, die Frieden per Demokratie erzwingt. Es ist ungewiss, ob die Bush-Denker tatsächlich an ihre eigenen Träume glauben, doch man darf getrost Zweifel daran haben. »Einen Krieg mit dem Argument zu verkaufen, dass danach 1000 Blumen zu blühen beginnen, ist naiv«, meint ein kritischer Beamter des US-Außenministeriums.[14] Vielleicht also brauchte die Bush-Administration im Vorfeld des Irakkrieges bloß eine gut zu vermarktende Vision, um die Unterstützung für den Krieg im eigenen Land zu fördern.

Das nächste Objekt der Begierde: Saudi-Arabien

Freilich haben die demokratischen Visionen der Bush-Getreuen nicht allein Auswirkungen auf die Achsenmächte des Bösen und Schurkenstaaten wie den Iran oder Syrien. Auch die den USA bislang freundlich gesinnten Staaten wie Saudi-Arabien sollen die Botschaft aus Washington vernehmen. Das Land, noch bis vor wenigen Jahren engster Verbündeter der Vereinigten Staaten, ist nun nicht mehr Washingtons Vorposten in der ölreichen Golfregion, sondern in den Köpfen der Vordenker der Bush-Außenpolitik eher ein Paria. Besonders seit dem 11. September und seit bekannt ist, dass 15 der 19 Attentäter aus Saudi-Arabien stammen. Bislang konnte Saudi-Arabien mit Unterstützung der USA durchaus hegemoniale Bestrebungen in der Golfregion umsetzen. Damit ist aber jetzt Schluss.

Wenn das Königshaus in Riad die Demokratisierungsbestrebungen der Amerikaner in der Nachbarschaft mit großer Sorge beobachtet, erzeugt das nur ignorantes Schulterzucken in den Machtzentren Washingtons. »Die haben eine ganze Generation von Terroristen herangezogen und müssen aufgeweckt werden. Saudi-Arabien hat große Probleme mit Fundamentalisten und benötigen dringend eine Liberalisierung – nicht nur wirtschaftlich, sondern auch politisch«, bekennt Politologin Pletka.[15] In Riad führen solche versteckten Kampfansagen derzeit zu heftiger Betriebsamkeit. So hat der saudische Kronprinz Abdullah erst Ende Mai ein Gremium geschaffen, das einen moderaten Islam fördern soll.[16] Freilich: Mehr als eine kosmetische Maßnahme ist das nicht, aber dringend notwendig, um das Vertrauen der Amerikaner in das Wahhabiten-Regime in Riad zu stärken.

Schließlich läuft Saudi-Arabien seit dem militärischen Sieg der Amerikaner im Irak Gefahr, seine privilegierte Stellung in der Region endgültig zu verlieren. Vieles spricht dafür, dass die USA mit dem Irakkrieg nicht allein Saddam Hussein losgeworden sind, sondern von jetzt an den Irak als Basis ihrer politischen Einflussnahme im Nahen Osten nützen wollen, während Saudi-Arabien abgeschrieben ist. Immerhin bietet der Irak den Amerikanern derzeit mehr, als Saudi-Arabien zu bieten imstande ist: Erstens eine im Idealfall von den USA handverlesene Regierung, zweitens eine privilegierte geografische Lage, die die Erbfeinde Syrien und Iran einzuschüchtern in der Lage ist, und drittens die zweitgrößten Ölreserven der Welt, die noch dazu für die Besatzungsmächte mehr oder minder frei verfügbar sind.

Schon unmittelbar nach dem Sturz des Saddam-Regimes kündigte US-Verteidigungsminister Donald Rumsfeld an, einen Großteil der in Saudi-Arabien stationierten US-Truppen zu verlegen. Der Abzug, so meint der US-amerikanische Militärexperte Paul Beaver, »verringert die amerikanische Abhängigkeit von Saudi-Arabien und lässt die Möglichkeit offen, dass der Irak der bevorzugte amerikanische Stützpunkt in der Region wird«.[17]

Parallelen zu Europa drängen sich geradezu auf: Donald Rumsfeld unterschied im Vorfeld des Krieges zwischen dem »alten Europa«, repräsentiert durch rebellische Staaten wie Deutschland und Frankreich, und dem »neuen Europa«, gebildet von neuen NATO-Mitgliedern wie Polen. Auch in der Golfregion scheint es nun zu einem solchen politischen Splitting zu kommen, und Saudi-Arabien gehört auf der privaten Weltkarte des US-Verteidigungsministers ganz bestimmt in jene Gruppe von Staaten, die den »alten Golf« repräsentieren.

Last exit: Exil

Vor dem Hintergrund der politischen Umschichtungen, die nun die Amerikaner in der Golfregion planen, wird auch verständlich, warum sich einige arabische Staaten im Vorfeld des Krieges so vehement dafür ausgesprochen haben, dass sich Saddam Hussein ins Exil begebe. Bei einer Sitzung der Arabischen Liga im ägyptischen Scharm el-Scheich Anfang März machten die Vertreter der Vereinigten Arabischen Emirate dem Irak den Vorschlag, den Staatspräsidenten ins Exil zu schicken und so einen Krieg zu vermeiden. »Die irakische Führung sollte zurücktreten und den Irak mit allen entsprechenden Vorteilen innerhalb von zwei Wochen nach Annahme dieser Initiative verlassen«, hieß es in einer schriftlichen Erklärung.[18]

Doch die Reaktion von Saddam Husseins Stellvertreter Issat Ibrahim al-Douri war eindeutig: »Fluch über Amerika. Fluch über die amerikanische Regierung, aber nicht über das amerikanische Volk.« Dabei hätte ein Exil Saddams verhindern können, dass die USA militärisch eingreifen und nach ihrem Sieg die Landkarte der Region neu zu zeichnen beginnen. Und Exilangebote für Saddam und seine Familie hätte es zur Genüge gegeben: Der kleine kalabrische Ort Soveria Mannelli hatte Saddam

Hussein angeboten, in einen renovierten Palast zu ziehen, und Bürgermeister Mario Caligiuri sorgte sich bereits um den Schutz des Diktators: »Unsere drei Polizisten würden Tag und Nacht über ihn wachen.«[19]

Ungewisser Profit

Da Saddam Hussein sich aber nun einmal nicht ins Exil begeben hat, sehen sich die Amerikaner in der Lage, tatsächlich eine neue Epoche der Demokratisierung im Nahen Osten zu beginnen. Die »Dominotheorie« im Weißen Haus hat sich durchgesetzt, noch aber ist alles andere als klar, wohin die Dominosteine fallen. Die mannigfachen Konflikte in der Region machen den Nahen Osten eigentlich zu einer der labilsten Weltgegenden überhaupt. Dass es bislang nicht zur gefürchteten Explosion der arabischen Straße gekommen ist, haben die USA und der Westen vor allem der eisernen Hand der Despoten, Monarchen und Semidemokraten zu verdanken. Es mag zynisch anmuten, ist aber traurige Realität: Demokratie im Nahen Osten wendet sich beinahe zwangsläufig gegen die außenpolitischen Interessen der Vereinigten Staaten.

Während des Irakkrieges hatten die Regime in dieser Weltgegend alle Hände voll zu tun, um die Proteste der arabischen Massen zu unterdrücken, denn die meisten Menschen waren der Meinung, dass dieser Krieg ungerecht sei. Hätte man da demokratische Gepflogenheiten gewahrt, hätten sich diese Proteste tatsächlich zu einem Flächenbrand entwickeln können. Wenn die USA nun versuchen, Konflikte in der Region anzuzetteln, um der Demokratie zum Durchbruch zu verhelfen, so ist das nichts weniger als ein Vabanquespiel, mit dem auch das Überleben der westlichen Volkswirtschaften gefährdet würde. Schwache und von Washington beeinflusste Autokraten werden weiterhin dafür sorgen, dass Öl für den Westen erschwinglich bleibt. Demokraten, die auf einem antiamerikanischen Ticket in die Präsidentenpaläste einziehen, werden einen anderen Weg gehen, der für die Vereinigten Staaten schmerzhaft ausfallen könnte.

Vielleicht ist George W. Bush ja selbst nicht wirklich überzeugt von der Vision eines demokratischen Erdballs, vielleicht ist die Vision nur die notwendige ideologische Glasur, um eventuelle neue kriegerische Auseinandersetzungen zu rechtfertigen – was zumindest im Vorfeld des Irakkrieges hervorragend geklappt hat. Als sichtbar wurde, dass es mit den Massenvernichtungswaffen Saddam Husseins nicht so weit her ist, zauberte die Bush-Administration die Frage der Demokratie und der Menschenrechte aus dem Hut. Wenn der Plot wiederholt wird, riskiert der amerikanische Präsident für einen propagandistischen Effekt sehr viel Instabilität in der Region. Wenn die Sicherheit Israels für die Vereinigten Staaten – und hoffentlich nicht nur für sie – Priorität hat, dann sollte man auf die israelischen Bedenken hören. Diese besagen nämlich, dass einige abgehalfterte Diktaturen Israel weniger Kopfzerbrechen bereiten als die religiösen Eiferer in den Nachbarstaaten.

Es besteht kein Zweifel daran, dass die Menschen in der Region Demokratie und Mitbestimmung verdient haben und man ihnen dieses Gut nicht vorenthalten soll.

Doch gerade das Beispiel Iran zeigt, dass sich die Enkel Khomeinis auch bedächtig selbst emanzipieren und die Fesseln des Fundamentalismus abschütteln können. Eine Intervention der Vereinigten Staaten würde vermutlich einen gegenteiligen Reflex auslösen. Ein wenig Vertrauen sollte George W. Bush in die zu befreienden Völker schon haben.

Kapitel 7
Der endlose Krieg

Saddam Hussein und der 11. September

Welche Gründe und Motivationen die US-Administration, die treibende Kriegskraft, letztendlich auch immer gehabt haben mag, um gegen den Irak zu Felde zu ziehen – eines kann man mit Gewissheit sagen: Der Krieg gegen den Terror, den US-Präsident George W. Bush kurz nach den verheerenden Terroranschlägen des 11. September 2001 verkündete, ist noch lange nicht gewonnen. Die riesige Staubwolke des eingestürzten World Trade Center in New York hatte sich noch nicht gelegt, da versicherte George W. Bush einer unter Schock stehenden amerikanischen Öffentlichkeit, dass er und seine Regierung alles daransetzen werden, die Verantwortlichen des bisher verheerendsten Terroranschlags auf amerikanischem Boden zu fassen.

Welches Ausmaß dieses Versprechen schließlich annehmen sollte, wussten zu diesem Zeitpunkt nur wenige. Die Amerikaner hatten es mit einer vollkommen neuen Art der Auseinandersetzung zu tun. Amerika hatte den Krieg erklärt. Aber wem wurde dieser Krieg erklärt? Erfolgten Kriegserklärungen bislang meist gegen Nationalstaaten, so hatte man es nun mit einem allgegenwärtigen unsichtbaren Feind zu tun. Zwar wurde dem Feind in Gestalt des Terrorpaten und Drahtziehers der Anschläge vom 11. September, Osama Bin Laden, rasch ein Gesicht verliehen. Doch Bin Ladens Organisation al-Quaida operiert in kleinen grenzüberschreitenden Zellen und ist bestens organisiert und nur schwer bis gar nicht zu infiltrieren. Mit welchen Mitteln also sollte diese neue Form des »asymmetrischen« Krieges eigentlich geführt werden?

Die Antwort erhielt die Weltöffentlichkeit nicht einmal einen Monat später. Am 7. Oktober 2001 fielen die ersten US-Bomben auf Afghanistan. Das radikal-islamische Taliban-Regime unter Mullah Mohammed Omar galt als wichtigster Unterstützer Osama Bin Ladens und seiner Terrororganisation al-Quaida. Der Krieg gegen den Terror wurde also bereits wenige Wochen nach seiner Verkündung auf eine zwischenstaatliche Ebene transferiert. Dass das noch lange nicht das Ende sein sollte, machte US-Präsident George W. Bush in einer Ansprache zur Lage der Nation am 29. Januar 2002 deutlich.

Nachdem Bush gebetsmühlenartig wiederholte, man werde alles daransetzen, um Osama Bin Laden zu kriegen, wurde die geopolitische Dimension des Krieges gegen den Terror noch deutlicher. »Unser zweites Ziel ist es, Regime, die den Terror unterstützen, davon abzuhalten, Amerika oder unsere Freunde und Alliierten mit Massenvernichtungswaffen zu bedrohen. Einige dieser Regime waren seit dem 11. September ziemlich still. Aber wir kennen ihre wahre Natur«, polterte Bush und nannte die neuen Feinde sogleich beim Namen: der Iran, der Irak und Nordkorea – die Achse des Bösen. »Der Irak protzt weiter mit seiner Feindseligkeit gegenüber Amerika und unterstützt den Terror. Das irakische Regime hat daran gearbeitet, Anthrax zu entwickeln und Nervengas und Atomwaffen, länger als ein Jahrzehnt schon. Das ist ein Regime, das bereits Giftgas benutzt hat, um Tausende seiner eigenen Bürger zu ermorden – die Körper der Mütter wurden über den toten Kindern liegen gelassen. Das ist ein Regime, das sich mit internationalen Inspektionen einverstanden erklärt hat – und dann die Inspektoren rausgeschmissen hat. Das ist ein Regime, das vor der zivilisierten Welt etwas zu verbergen hat. Staaten wie diese und ihre terroristischen Verbündeten formen eine Achse des Bösen, die sich bewaffnet, um den Frieden der Welt zu bedrohen«, setzte Bush fort.[1]

War der Krieg gegen den Irak vielleicht eine wohlkalkulierte Reaktion der US-Administration auf die Terroranschläge des 11. September? Welche Auswirkungen hat das militärische Engagement der Vereinigten Staaten und der Briten im Zweistromland auf das tödliche Wirken arabischer Extremisten in ihrem »Heiligen Krieg« gegen die Ungläubigen?

Der Terror kehrt zurück

Die Reaktionen der »Heiligen Krieger« kamen postwendend. Knapp einen Monat nach dem Fall Bagdads erschütterte am 12. Mai eine Bombenserie Saudi-Arabiens Hauptstadt Riad. Wenn George W. Bush die amerikanische Öffentlichkeit immer wieder damit konfrontierte, dass ein Ende des Saddam-Regimes auch den terroristischen Zellen eine wesentliche Lebensader abschneiden würde, so konnten die Anschläge in Saudi-Arabien wohl als Widerlegung dieser präsidialen These gelten.

Neun Attentäter brachten in Lastwagen versteckte Sprengsätze in und um drei Wohnhausanlagen, die hauptsächlich von Ausländern bewohnt sind, zur Detonation. Nach Angaben der saudischen Behörden kamen mindestens 35 Menschen ums Leben, unter ihnen auch neun Amerikaner. Mehr als 100 Menschen wurden verletzt. Nur wenige Stunden später detonierte ein weiterer Sprengsatz vor dem saudisch-amerikanischen Unternehmen *Siyanco.* In einer ersten Reaktion machten amerikanische und saudiarabische Sicherheitskreise sogleich die Terrororganisation al-Quaida von Osama Bin Laden für den mörderischen Anschlag verantwortlich und warnten zugleich vor verstärkten Aktivitäten des Terrornetzwerkes. Eine Prognose, die sich schnell bestätigen könnte.

»Al-Quaida und andere islamische Terrorgruppen haben geduldig auf die Invasion der Amerikaner im Irak gewartet, weil sie dachten, dieser Krieg würde eine neue große Protestwelle in der arabischen Welt auslösen«, behauptet etwa der amerikanische Terrorexperte Victor Gubareff. »Es ist nicht weiter verwunderlich, dass al-Quaida und andere terroristische Gruppierungen nach dem Krieg zuschlagen. So wollen sie zeigen, dass nur ihre Gruppierungen die wahren Interessen aller Muslime vertreten. Sie stellen sich kämpferisch gegen die USA, die den Irak besetzen, und wollen zeigen, dass die Vereinigten Staaten auch andere muslimische Länder besetzen werden, wenn man sie nicht rechtzeitig stoppt«, erläutert Terrorexperte Victor Gubareff weiter.[2]

Warum gerade Saudi-Arabien erneut Ziel terroristischer Anschläge wurde, ist nicht weiter verwunderlich.

Schon seit Jahren fordert al-Quaida den Abzug der amerikanischen Truppen aus dem saudischen Königreich. Nach Auffassung der Fundamentalisten entweihen US-Soldaten den heiligen Boden Saudi-Arabiens, der mithin die wichtigsten Stätten des Islam beherbergt. Auch aus diesem Grund sind die Mitglieder der saudischen Königsfamilie Verräter am Islam und ebenso Ziel der Terrororganisation um Osama Bin Laden.

Aber auch die US-Regierung setzt den einstigen Vorzeigepartner auf der Arabischen Halbinsel immer stärker unter Druck. Kamen doch die meisten Attentäter vom 11. September 2001 aus Saudi-Arabien. Zudem verweisen die Amerikaner immer öfter auf saudische Finanzhilfen für das Terrornetzwerk al-Quaida. Sogar Waffen sollen sich saudische Terroristen aus den Militärbeständen der Armee beschafft haben, vermuten Terrorexperten. Bei der Festnahme zahlreicher Terroristen am 6. Mai 2003 durch die saudischen Behörden hätte sich herausgestellt, dass die beschlagnahmten Waffen direkt aus dem Militärbestand der Nationalgarde kämen.[3]

Die politische Situation im Königreich Saudi-Arabien könnte brisanter nicht sein. Die Stimmung unter der Bevölkerung ist äußerst gespannt, und radikal-fundamentalistisches Gedankengut findet immer mehr Verbreitung. Hatte die saudische Königsfamilie bislang immer wieder ignoriert, dass es im Königreich ein ernsthaftes Terrorismusproblem gebe, so setzte auf die Anschlagserie in Riad postwendend politisches Umdenken ein. Erstmals verwies der saudische Kronprinz und Regent Abdullah auf die innersaudischen Probleme. In einer Fernsehrede versprach der Regent die »Gruppe von verdorbenen Leuten und diejenigen, die sie unterstützen, auszumerzen«.[4] Wenige Tage später verhafteten saudische Sicherheitsbeamte erneut mutmaßliche Mitglieder des Terrornetzwerks al-Quaida.

Die Amerikaner nahmen dies sogleich mit Freude zur Kenntnis und bedankten sich recht artig für die neue Zusammenarbeit Saudi-Arabiens im Kampf gegen den Terror. Dessen nicht genug, schoss US-Verteidigungsminister Donald Rumsfeld die nächste Warnbotschaft ab. Und zwar in Richtung Iran. Seiner Meinung nach ist die jüngste Anschlagserie in Riad von al-Quaida-Zellen durchgeführt worden, die vom Iran aus operieren. Es stehe außer Zweifel, dass es al-Quaida-Mitglieder im Iran gebe, und es gebe »eine ganze Menge Spekulationen über ihre Rolle bei den Ereignissen in Saudi-Arabien«, mutmaßte Rumsfeld und verschärfte die Drohung gegen den islamischen Gottesstaat Iran. »Länder, die diesen terroristischen Netzwerken Unterschlupf bieten, verhalten sich selbst wie Terroristen«, verkündete Rumsfeld.[5]

Tod in Casablanca

Nur wenige Tage später sollte der Terror seine schreckliche Fortsetzung finden. In der marokkanischen Wirtschaftsmetropole Casablanca verübten fünf Kleingruppen mit insgesamt 14 Attentätern mehrere Anschläge an verschiedenen Orten. Ziel der Attentate waren ein spanisches Restaurant, ein Luxushotel in der Altstadt, zwei jüdische Einrichtungen und das belgische Konsulat. Die Anschlagserie forderte laut Angaben der marokkanischen Behörden mindestens 41 Tote. Allein in dem spanischen Restaurant *Casa de Espana,* das zumeist von Diplomaten und Geschäftsleuten besucht wird, starben 19 Menschen. Drei Täter verschafften sich Zugang zu dem Restaurant, indem sie einem Türsteher die Kehle durchschnitten. Anschließend sprengten sich zwei der Attentäter im Inneren des Lokals in die Luft.

Anders als viele andere europäische Nationen galt Spanien stets als Befürworter einer US-geführten militärischen Intervention im Irak. Verantwortlich für die gut organisierte Tat dürfte die extremistische Gruppierung Assirat al-Moustaqim (Der rechte Weg), eine Splittergruppe der islamistischen Organisation Salafistischer Heiliger Krieg, sein, der auch enge Verbindungen zum Terrornetzwerk al-Quaida nachgesagt werden.[6]

Dass die Anschlagserien in Riad und Casablanca nicht die letzten ihrer Art gewesen sein dürften, machte ein Ende Mai vom arabischen TV-Sender *al-Jazeera* abgespieltes Tonband klar. Auf dem Tonträger war die Stimme eines Mannes zu hören, der die gesamte arabische Welt zu vermehrten Anschlägen aufruft. Sicherheitskreise vermuten den Ägypter Ayman al-Zawahiri, al-Quaidas Nummer zwei, als Absender der Botschaft. »Das Beste, was ihr tun könnt, ist, Waffen zu tragen und eure Feinde, die Amerikaner und Juden zu bekämpfen«, so die Stimme. »Die Kreuzfahrer und Juden verstehen nur die Sprache der brennenden Türme und der zerstörten Interessen sowie die Sprache des Tötens«, spielte der Sprecher weiter auf die Anschläge vom 11. September an und verkündete zugleich, dass die Muslime schon bald »sehr zufrieden sein« würden.[7] Unmittelbar nach der Botschaft verstärkte die US-Regierung die Sicherheitsvorkehrungen im eigenen Land. Die zweithöchste von insgesamt fünf nationalen Sicherheitsstufen wurde ausgerufen.

Ob die Anschlagserien in Riad und Casablanca im Mai 2003 in einem direkten Zusammenhang mit dem Krieg der Amerikaner im Irak stehen, ist fraglich. Eines jedoch kann mit Bestimmtheit gesagt werden: Für alle radikalen Gruppierungen sind derartige Attentate ein sichtbares Zeichen, ihren Kampf gegen die Ungläubigen fortzusetzen, wie auch Analyst Victor Gubareff meint: »Anschläge wie jene in Saudi-Arabien und Marokko bedürfen einer langen Vorbereitungszeit. Somit ist es gut vorstellbar, dass derartige Kommandoaktionen auch ohne einen Krieg gegen den Irak stattgefunden hätten. Extremisten aber deuten diese Aktionen nach der US-Besetzung des Irak durchaus als gelungenen Racheakt.«[8]

Der »Heilige Krieg«

Obwohl Osama Bin Ladens Terrororganisation al-Quaida sich bislang als die schlagkräftigste und am besten organisierte Gruppierung der radikalen Islamisten zeigte, durchzieht eine Vielzahl von Terrorgruppen verschiedenster Provenienz die gesamte arabische Straße. Gemeinsam haben sie eine Art Franchise-System des Todes gebildet, und in einem sind sie sich einig: Die Erzfeinde, Israel und die USA, gilt es mit allen Mitteln zu bekämpfen. Da kommt ein Jihad (Heiliger Krieg) gerade recht. So bestätigte Munir Magdha, ein hochrangiger Vertreter der Fatah-Partei von PLO-Chef Yassir Arafat im Libanon, dass kurz nach dem Einmarsch der amerikanisch-britischen Allianz in den Irak Hunderte von Palästinensern gen Bagdad geschickt wurden, um dort Selbstmordanschläge zu verüben. Die potenziellen Märtyrer stammten zumeist aus palästinensischen Flüchtlingslagern im Libanon und seien Angehörige der Volksarmee der Fatah, erklärte Magdha. In Bussen, von der Organisation zur Verfügung gestellt, reisten die künftigen Märtyrer, mit Kalaschnikows und Sprengstoffgürteln ausgerüstet, medienwirksam in das Zweistromland.

Zuvor hatte bereits die radikale Gruppierung Jihad al-Islami Selbstmordattentäter in den Irak entsandt, um die irakischen Glaubensbrüder im Kampf gegen den Feind USA zu unterstützen.[9] Dass es bereits unter dem Regime Saddam Husseins enge Verbindungen zwischen irakischen Regierungskreisen und palästinensischen Terrorgruppen gegeben hat, ist hinlänglich bekannt. Immerhin setzte Saddam Hussein persönlich hohe Entschädigungszahlungen für die Familienmitglieder palästinensischer Selbstmordattentäter aus, die in Israel aktiv wurden.

Für die palästinensischen Selbstmordattentäter und deren Sympathisanten scheint der Kampf gegen die Vereinigten Staaten auch im Irak beinahe so etwas wie ein Präventivkrieg gewesen zu sein. »Die Menschen befürchten, dass der Irak nur der Anfang war und Israel gemeinsam mit den USA eine ganze Reihe weiterer Feldzüge in dieser Region anzetteln möchte: gegen den Iran, gegen Syrien und den Libanon«, erklärt etwa Hanan Ashrawi, eine der wohl profiliertesten palästinensischen Politikerinnen, die Motivation der Selbstmordattentäter, die letztendlich ohnehin einen chancenlosen Kampf gegen die USA führen.[10]

Doch nicht immer galten die Vereinigten Staaten den islamischen Extremisten als Feindbild Nummer eins. Ganz im Gegenteil: Da die USA im Gegensatz zu europäischen Nationen nicht das politische Erbe einer ehemaligen Kolonialmacht zu tragen hatten, waren sie im arabischen Raum in den 70er Jahren ein durchaus willkommener Geschäftspartner. Erst das verstärkte Engagement der Amerikaner im Nahen Osten und die offenkundigen Sympathien für Israel verschärften die Situation. Mit einem Male wurden die USA neben Israel zum erklärten Ziel der Extremisten. Immerhin, so das Argument der radikalisierten Araber, unterstütze die Regierung der Vereinigten Staaten die israelische Führung mit Militärhilfen in Milliarden-Dollar-Höhe und sei somit direkt für die Unterdrückung der palästinensischen Bevölkerung und den Tod von Muslimen verantwortlich.

Auch die Präsenz der amerikanischen Streitkräfte auf der Arabischen Halbinsel seit dem Golfkrieg 1991 widerspreche dem Islam. Allein durch ihre Anwesenheit in Saudi-Arabien würden die heiligsten Stätten der islamischen Welt entweiht. Ein weiteres Argument für ihren Amerikahass sehen Extremisten in dem Umstand begründet, dass die Amerikaner durch ihr forciertes Embargo gegen den Irak für den Tod von Tausenden arabischer Kinder verantwortlich seien. Kurzum: Die amerikanische Kultur ist antiislamisch und unterhält zur Durchsetzung ihrer eigenen Machtinteressen Marionettenregime in der ganzen Welt.

Im Kampf gegen die Ungläubigen ist den Extremisten

jedes Mittel recht, auch Selbstmordanschläge. Während Selbstmordattentate für moderate Muslime als unislamisch gelten – einem Selbstmörder drohen unendliche Höllenqualen –, berufen sich die extremistischen Fanatiker auf den Koran. Als vielzitiertes Beispiel gilt die Sure al-Buruj: Hier fordert ein Tyrann jene, die sich weigerten, ihn anzubeten, auf, in einen brennenden Graben zu springen. Alle, die sich daraufhin in den Graben stürzten, starben als Märtyrer und nicht als Selbstmörder, und damit blieben ihnen die Pforten zum Paradies nicht verschlossen. In der Wahl ihrer Anschlagziele sind extremistische Gruppierungen auch nicht besonders wählerisch. Unschuldige Zivilisten gibt es nicht. Immerhin haben die Menschen im Westen ihre antiislamische Regierung demokratisch gewählt und unterstützen diese durch Steuerzahlungen und die Verpflichtung zur Armee.

Das Terrordilemma

Die Vereinigten Staaten befinden sich wahrlich in keiner beneidenswerten Situation. Seit den Terroranschlägen vom 11. September 2001 musste die Welt und – was noch viel schmerzhafter ist – mussten auch die Amerikaner miterleben, dass die nach dem Ende des Kalten Krieges einzig verbliebene Weltmacht verletzbar und verwundbar ist – auch auf eigenem Staatsgebiet. Die Terroristen des 11. September steuerten die gekaperten Flugzeuge direkt in ein nationales Symbol und das Selbstverständnis der Weltmacht USA. Mit einem Schlag wurde das Unvermögen der bis dahin hochgelobten amerikanischen

Geheimdienste in Sachen Terrorismus deutlich. Obwohl US-Geheimdienste über modernste Technik verfügten, waren deren wichtigste Köpfe nicht in der Lage, die drohende Gefahr rechtzeitig zu erkennen.

Über welche gewaltige Schlagkraft, menschliche Ressourcen und finanzielle Mittel die Terrororganisation al-Quaida verfügte oder noch verfügt, wussten Terrorexperten Jahre vor dem 11. September 2001. In einer ersten Welle der Solidarität wurden westliche und sogar arabische Staaten nicht müde, den Vereinigten Staaten im Kampf gegen den Terrorismus jegliche Form der Unterstützung zuzusagen.

Doch eineinhalb Jahre und zwei Kriege nach dem großen Schock stellt sich die Situation etwas anders da. Immer stärker werden die antiamerikanischen Ressentiments auch im verbündeten Westen spürbar. Ganz zu schweigen von den Reaktionen der arabischen Welt. Der Verdacht, die US-Regierung führe unter dem Deckmantel des Krieges gegen den Terror einen unkalkulierbaren Feldzug allein aus geopolitischen Interessen, wird immer häufiger Gegenstand zahlreicher Spekulationen und ist zugleich eine willkommene Argumentationslinie für Extremisten.

Dies gilt auch für das letzte geopolitische Abenteuer der Bush-Regierung – den jüngsten Irakkrieg. Zwar hat man das irakische Volk von einem mörderischen Diktator befreit, doch von einer neuen Form der Besatzung wollen die Iraker nichts wissen. Und die Skepsis der Bevölkerung gegen die amerikanisch-britische Allianz wächst von Tag zu Tag. Auch Wochen nach der so genannten Befreiung herrschen noch immer Chaos und Unruhe im

Irak. Dass damit auch der Boden für eine neue Generation irakischer Terrorgruppen bereitet wird, liegt auf der Hand. »Meiner Meinung nach wird sich nur eine kleine Minderheit der irakischen Extremisten der al-Quaida anschließen. Aber bereits bestehende antiamerikanische Gruppierungen im Irak – wie die irakische Hisbollah und die Organisation Irakischer Jihad – werden starke Zuläufe erhalten«, glaubt etwa Victor Gubareff.[11]

Wie stark diese Zuwächse tatsächlich sein werden, bleibt abzuwarten. Eines kann jedoch vorweggenommen werden: Gelingt es der US-geführten Militärallianz in der nächsten Zeit nicht, eine für die irakische Bevölkerung zufrieden stellende Nachkriegsordnung zu schaffen, könnte sich das US-Engagement am Persischen Golf zu einer langfristigen Katastrophe für die Vereinigten Staaten entwickeln. Für die USA gilt: Der Kampf gegen den Terror ist noch lange nicht gewonnen. Und für die Extremisten: Der Kampf gegen die USA ist noch lange nicht vorbei.

Anhang

Anmerkungen

Kapitel 1: Saddams Politik: Schock und Ehrfurcht

1 *The New York Times,* 24. April 2003: »Threat Gone, Iraqis Unearth Hussein's Nameless Victims«
2 Spiegel.de, 14. Mai 2003: »Massengräber mit bis zu 15 000 Leichen entdeckt«
3 Human Rights Watch, 14. Mai 2003: »Iraq: U.S. Unresponsive on Mass Graves«
4 US State Department, 4. März 2002: »Country Reports on Human Rights Practices: Iraq«
5 Human Rights Watch, März 2003: »Iraq: The Death Penalty, Executions, and ›Prison Cleansing‹«
6 »Six times they were going to hang me from this rope«, *The Observer,* 20. April 2003
7 United Nations, Interim reports to the General Assembly, *Situation of human rights in Iraq,* prepared by the special rapporteur of the Commission on Human Rights on the situation of human rights in Iraq, Andreas Mavrommatis, A/57/325, August 20, 2002, S. 18, Annex VI, Section D.
8 Vortrag von Barbara Lochbichler, Amnesty International Deutschland, am 1. November 2002 in Berlin
9 US State Department, Washington, 2002: Country Report on Human Right Practices: Iraq 2001
10 »Anfal« ist der Name einer »Ungläubige« betreffenden Koransure und wurde zum Codenamen einer Serie von Militäraktionen.

11 Human Rights Watch, New York, 7. April 2003: »Who was Ali Hassan Al-Majid?«
12 Latif Yahia, Karl Wendl: *Ich war Saddams Sohn,* Goldmann Verlag, München 2003
13 Interview der Autoren
14 The White House, Washington, April 2003: »Life under Saddam«
15 *USA Today,* 14. April 2003: »Iraqis share graphic tales of regime's torture chambers«
16 *The New York Times,* 23. April 2003: »Iraqis Tell of Reign of Terror and Maiming«
17 Amnesty International, 15. August 2001: »Iraq: Systematic torture of political prisoners«
18 Physicians for Human Rights, Boston, 21. November 1994: *Medical Alert* Nr. 47
19 Latif Yahia, Karl Wendel, *Ich war Saddams Sohn,* München 2003
20 CNN.com, 23. Oktober 2002: »Spark of protest flares outside Iraqi Information Ministry«

Kapitel 2: Machtmaschine Saddam

1 Amnesty International, März 1989: »Iraq's War on Children«
2 Peter Heine: *Schauplatz Irak, Hintergründe eines Weltkonflikts,* Freiburg 2002
3 Interview der Autoren
4 *Sunday Telegraph,* 28. April 2003: »Saddam's Link to bin Laden«
5 Interview der Autoren

6 Interview der Autoren
7 *CBS,* 23. April 2003: Iraqi Experts: We Duped Inspectors
8 Interview der Autoren
9 Interview der Autoren
10 Latif Yahia, Karl Wendl: *Ich war Saddams Sohn,* München 2003
11 Peter Heine: *Schauplatz Irak, Hintergründe eines Weltkonflikts.* Freiburg 2002
12 *CBS,* 26. Februar 2003: Interview with Saddam Hussein
13 Arabicnews.com, 23. November 2002: »Izzat Ibrahim met with Iraqi opposition members abroad«
14 International Crisis Group, 4. Dezember 2002: »Voices from the Iraqi Street«
15 International Crisis Group, 4. Dezember 2002: »Voices from the Iraqi Street«
16 International Crisis Group, 4. Dezember 2002: »Voices from the Iraqi Street«
17 CNN Live-Übertragung, 20. März 2003
18 Interview der Autoren
19 Interview der Autoren
20 Interview der Autoren
21 Interview der Autoren
22 Interview der Autoren
23 Interview der Autoren
24 stratfor.com, 9. April 2003: »Where did all the Soldiers go?«
25 Interview der Autoren
26 *The New York Times:* »Bank Official Says Hussein's Son Took 1 Billion $ in Cash«

27 *The New York Times:* »Bank Official Says Hussein's Son Took 1 Billion $ in Cash«
28 *New York Daily News,* 4. Mai 2003: »How Saddam hid his dirty money«
29 Interview der Autoren
30 Interview der Autoren
31 Interview der Autoren

Kapitel 3: Ein Volk erwacht

1 *Der Standard,* 14. April 2003: »Nur das Ölministerium brennt nicht«
2 Spiegel.de, 20. April 2003: »Vandalismus im Nationalmuseum von Bagdad«
3 *Süddeutsche Zeitung,* 8. Mai 2003: »Geh rein, Ali Baba, es gehört dir«
4 Interview der Autoren
5 *Agence France Press,* 5. Mai 2003: »UN Nuclear Watchdog seeks to probe reported Looting at Iraqi site«
6 Interview der Autoren
7 Interview der Autoren
8 *New York Times,* 4. Mai 2003: »Top and Employer Gone, Iraqis Scuffle For Jobs«
9 *The Weekly Standard,* 12. Mai 2003: »Bad Reporting in Baghdad«
10 Netzeitung.de, 14. Mai 2003: »US-Soldaten sollen auf Plünderer schießen«
11 Council on Foreign Relations, 16. April 2003: »Iraq: The Day After«

12 *New York Times,* 12. Mai 2003: »Halliburton Unit Wins Iraq Contract«
13 U.S. Agency for International Development, 14. April 2003: »USAID Iraq Infrastructure Contract«
14 *Associated Press,* 15. Mai 2003: »Bush Says Assets Worth 8,8 M«
15 MSNBC.com, 7. Mai 2003: »Report: Pentagon Adviser in Iraq Flap«
16 Interview der Autoren
17 *Reuters,* 9. Mai 2003: »Iraqi Children Face Death from Malnutrition«
18 World Health Organisation, 7. Mai 2003: »Health Situation in Basra«
19 FAO-Report, 13. September 2000
20 NBC, *60 Minutes,* Mai 1996
21 Interview der Autoren
22 Spiegel.de, 16. April 2003: »Kriegsverwundetes Kind: Alis Flug ins neue Leben«

Kapitel 4: Zersplitterte Opposition

1 Netzeitung, 10. Mai 2003: »Irakischer Schiitenführer aus Exil zurückgekehrt«
2 Interview der Autoren
3 Spiegel.de, 25. April 2003: »Rumsfeld lehnt Gottesstaat kategorisch ab«
4 Interview der Autoren
5 Alle Zitate: *The New York Times,* 5. Mai 2003: »Rights and Tolerance, Iraqi Women Wary of New Upheavals«

6 stratfor.com, 24. April 2003: The Iranian Game

7 Jens-Uwe Rahe: *Irakische Schiiten im Londoner Exil. Eine Bestandsaufnahme ihrer Organisationen und Untersuchung ihrer Selbstdarstellung,* Ergon, Würzburg, 1996

8 *Reuters,* 27. April 2003: »Jordan says Chalabi lacks credibility in Iraq«

9 *Middle East Intelligence Bulletin,* April 2001: »The United States and the Iraqi National Congress«

10 Iraqi News.com

11 *Frankfurter Allgemeine Zeitung,* 17. April 2003: Oppositionsführer in Bagdad eingetroffen

12 *Associated Press,* 27. April 2003: US Arrests Self-Declared Baghdad Mayor

13 *Chiacago Tribune,* 21. Februar 2003: Iraqi Kurds Struggle With Their Past – and Hussein

14 Interview der Autoren

15 *Reuters,* 14. April 2003: Kurd Leader Urges U.S. to Establish Iraqi Rule Soon

16 Interview der Autoren

17 *Agence France Press,* 7. Mai 2003: »US names new civilian chief for Iraq as Arab-Kurdish violence erupts«

18 Interview der Autoren

19 Interview der Autoren

20 Interview der Autoren

21 *Associated Press,* 8. Mai 2003: »Baath party influence inevitable: New Iraqi regime likely to consist of members of Saddam's party«

22 *New York Times,* 8. Mai 2003: »Top Baath Officials to Be Barred from Government«

23 *Reuters,* 12. Mai 2003: »Saddam Cannot Influence Iraq's Future, Rice Says«
24 Netzeitung.de, 15. Mai 2003: »Saddam-Anhänger gefährden Sicherheit im Irak«
25 *Foreign Policy in Focus,* Mai 2003: »The U.S. and Post-War Iraq: An Analysis«
26 Interview der Autoren
27 *Neue Zürcher Zeitung,* 12. Mai 2003: »Neuer Zivilverwalter im Irak eingetroffen«

Kapitel 5: Blindflug in die Demokratie

1 Interview der Autoren
2 *New York Times,* 13. Mai 2003: »Iraqi Leaders Voice Concerns on US Shuffle«
3 *Associated Press,* 14. Mai 2003: »Iraqi Exile Blames U.S. for Lawlessness«
4 Spiegel.de, 5. Mai 2003: »US-Verwalter Garner benennt erste Minister«
5 *The New York Times,* 16. Mai 2003: »In Reversal, Plan for Iraq Self-Rule Has Been Put Off«
6 Gesellschaft für bedrohte Völker, Februar 2003: »Demokratisierung Afghanistans begann mit Wahlbetrug«
7 Interview der Autoren
8 Spiegel.de, 2. Mai 2003: »US-Diplomat soll Boss im Irak werden«

Kapitel 6: Mission Impossible

1 Im englischsprachigen Raum wird von »Middle East« gesprochen, wo im Deutschen der »Nahe Osten« gemeint ist. Während man hierzulande unter dem Nahen Osten ursprünglich die Länder des Osmanischen Reiches verstand, umfasst der Begriff heute meist die arabischen Staaten Vorderasiens und Israel, oft einschließlich Ägypten, der Türkei und dem Iran.

2 *The Observer,* 27. Februar 2003: »Bush offers vision of post-war Middle East«

3 Interview der Autoren

4 Interview der Autoren

5 *The Observer,* 5. Januar 2003: »The forbidden fruit of Middle East democracy«

6 Interview der Autoren

7 *The Observer,* 5. Januar 2003: »The forbidden fruit of Middle East democracy«

8 *The Washington Post,* 23. März 2003: »DEMOCRACY: Be Careful What You Wish For«

9 *Los Angeles Times,* 10. März 2003: »Repression Not Democracy in the Middle East is the Likely Outcome of War«

10 Interviews der Autoren

11 Spiegel.de, 15. Mai 2003: »Condolezza Rice schleudert Drohungen gegen Syrien, Iran und Nordkorea«

12 Netzeitung.de, 3. Mai 2003: »Powell fordert Entwaffnung der Hisbollah«

13 Nuclear Control Institute, 8. Mai 2003: »MSNBC's Buchanan & Press Interview of Paul Leventhal, Founding President, Nuclear Control Institute«

14 *Los Angeles Times,* 14. März 2003: »Democracy Domino Theory Not Credible«
15 Interview der Autoren
16 stratfor.com, 22. Mai 2003: »Saudi Crown Prince Criticizes Extremism«
17 Spiegel.de, 29. April 2003: »Konsequenzen für Kriegskritiker«
18 Spiegel.de, 1. März 2003: »Saddams Exil und der Gaddafi-Eklat«
19 Netzeitung.de, 1. März 2003: »Emirate: Saddam Hussein soll zurücktreten«

Kapitel 7: Der endlose Krieg

1 Dieses und alle vorherigen Zitate: Rede zur Lage der Nation, 29. Januar 2002
2 Interview der Autoren
3 Netzeitung, 19. Mai 2003: »Saudisches Militär soll Waffen an Al Qaeda verkauft haben«
4 TV-Ansprache des saudischen Kronprinzen, 13. Mai 2003
5 AFP, 20. Mai 2003: »Rumsfeld nimmt Iran ins Visier«
6 *New York Times,* 22. Mai 2003: »Maroccans Say Al Qaeda Was Behind Casablanca Bombings«
7 *New York Times,* 21. Mai 2003: »Tape Linked to bin Laden Aide Urges More Attacks«
8 Interview der Autoren
9 Israelnetz.de, 3. April 2003: »Fatah schickt Palästinenser für Selbstmordattentate in den Irak«
10 Interview der Autoren
11 Interview der Autoren

Zeittafel

Geschichte des modernen Irak

1915–1917: Einsetzender Zerfall des Osmanischen Reiches. Im Rahmen des Sykes-Picot-Abkommens (16. Mai 1916) einigen sich Großbritannien und Frankreich über die Aufteilung der arabischen Territorien. Noch heute entspricht die Grenzziehung der gesamten Region im Großen und Ganzen dem Verhandlungsergebnis des Abkommens.

Oktober 1918: Die Vorherrschaft des Osmanischen Reiches über die arabische Welt ist endgültig Geschichte.

1920–1921: Der Völkerbund erteilt Großbritannien das Mandat über den Irak. Zur selben Zeit beginnen Beduinen und die Bevölkerung der Städte einen Aufstand gegen die fremde Besatzung. Emir Faisal al-Hussein wird von den Briten am 27. August 1921 als irakischer König inthronisiert.

Oktober 1922: Das britisch-irakische Abkommen ermächtigt Großbritannien, jederzeit in irakische Angelegenheiten einzugreifen.

1925: Die britisch geführte »Irakische Erdölgesellschaft«, die spätere »Iraq Petroleum Company« (ICP), bekommt die ersten Förderlizenzen im Irak. Der Völkerbund schlägt die ölreichen Regionen um Mosul und Kirkuk dem Irak zu.

Bereits 1927 machen die Erlöse aus der Ölförderung etwa 50 Prozent der irakischen Staatseinkünfte aus.

3. Oktober 1932: Das Mandat der Briten läuft aus. Der Irak wird selbständig und Mitglied des Völkerbundes. Die Briten bleiben als inoffizielle Berater im Land.

8. September 1933: Nach König Faisals Tod besteigt sein Sohn Ghazi den Thron.

14. Juli 1958: Ein Militärputsch unter der Führung von Abdul Karim Kassem und Abdul Salam Aref, der vor allem gegen die britische Vorherrschaft gerichtet ist, setzt der Monarchie im Irak ein Ende. Die gesamte Königsfamilie wird im Palast von Bagdad niedergemetzelt. Die unabhängige Republik Irak wird ausgerufen, die britischen Truppen verlassen das Land.

8. Februar 1963: Mit Unterstützung der Baath-Partei putscht Abdul Salam Aref gegen seinen früheren Verbündeten Kassem, der dabei ums Leben kommt. Trotz ihrer Unterstützung beim Staatsstreich selbst gelingt es Aref durch politisches Geschick, die Baath-Partei vom Zentrum der Macht fernzuhalten.

17. Juli 1968: Unter Mithilfe von Armeeoffizieren gelangt die Baath-Partei durch einen Militärputsch an die alleinige Macht. Hasan al-Bakr wird Staatspräsident. Mit Saddam Husseins tatkräftiger Unterstützung schaltet die Baath-Partei alle politischen und militärischen Führungskräfte, die nicht der Partei angehören, aus. Umfangreiche Reformen folgen: Die Erdölförderung wird nationalisiert, im Land tätige ausländische Konzerne werden verstaatlicht. Eine Landreform, Industrialisierung und Alphabetisierungsprogramme sollen helfen, das soziale und wirtschaftliche Leben des Landes zu modernisieren.

1969–1970: Die Kämpfe gegen kurdische Separatisten im Norden flammen erneut auf und werden erst durch ein Autonomieabkommen für die kurdischen Gebiete im Norden zeitweilig beendet.

17. Juli 1979: Saddam Hussein übernimmt von Hasan al-Bakr das Präsidentenamt.

22. September 1980: Beginn des irakisch-iranischen Krieges (erster Golfkrieg). Durch den Einmarsch irakischer Truppen in die iranische Provinz Khusistan eskalieren die Spannungen zwischen den beiden Staaten.

1984: Nach langjähriger Pause nehmen die Vereinigten Staaten wieder diplomatische Beziehungen zum Irak auf. Mit westlicher Unterstützung folgt eine beispiellose Aufrüstung des Landes.

16. März 1988: Saddam Hussein ordnet Giftgasangriffe auf das kurdische Dorf Halabja an.

8. August 1988: Nachdem der Iran einem Waffenstillstandsvertrag zugestimmt hat, endet der »erste Golfkrieg«. Es war der längste bewaffnete Konflikt, den zwei

Länder im 20. Jahrhundert gegeneinander geführt haben. Gebietsgewinne konnte keiner der beiden Staaten erreichen. Der Irak ist durch die schweren Kriegsfolgen wirtschaftlich und politisch ruiniert.

2. August 1990: Irakische Soldaten marschieren in das Scheichtum Kuwait ein. Saddam Hussein verspricht sich durch die Annexion Kuwaits einen rascheren Wiederaufbau des Irak und eine Entschuldung, denn das Land hat bei fast allen arabischen Nachbarn Schulden in Milliardenhöhe.

17. Januar 1991: Alliierte Luftstreitkräfte gehen – legitimiert durch die UNO-Resolution 660 – militärisch gegen die irakischen Besatzungstruppen in Kuwait vor. In der ersten Phase des Krieges beginnen die Alliierten mit schweren Bombardierungen und Raketenangriffen auf Bagdad.

24. Februar 1991: Rund 700 000 alliierte Soldaten beginnen eine Bodenoffensive in Kuwait und im Irak.

28. Februar 1991: Der Irak akzeptiert die UNO-Resolution 660 und erkennt die Souveränität Kuwaits an. Die alliierten Truppen haben ihr Kriegsziel erreicht und stellen die Kampfhandlungen ein.

März 1991: Schiitische Gruppen im Süden beginnen einen Aufstand gegen das Regime Saddam Husseins. Aufgrund mangelnder Unterstützung durch die Amerikaner wird diese Rebellion jedoch brutal niedergeschlagen.

1991–1992: Im Norden und im Süden des Landes werden UNO-Schutzzonen für Kurden und Schiiten eingerichtet. Der Irak stimmt einem Autonomieabkommen mit den Kurden im Norden zu.

Chronologie des jüngsten Irakkrieges

2002

29. Januar: Wenige Monate nach den Terroranschlägen vom 11. September 2001 hält US-Präsident George W. Bush eine Rede zur Lage der Nation. Laut Bush gehören der Iran, Nordkorea und der Irak zu einer Achse des Bösen, die den Weltfrieden bedrohe. Daraufhin verstärken die USA den politischen Druck auf den Irak und drohen dem Diktator Saddam Hussein mit einem Militärschlag, falls er nicht glaubhaft versichern kann, nicht über Massenvernichtungswaffen zu verfügen.

16. September: Der Irak stimmt in einem Brief an UN-Generalsekretär Kofi Annan der Wiederaufnahme von UN-Waffeninspektionen im Irak ohne Vorbedingungen zu.

30. September/1. Oktober: Im Wiener UN-Hauptquartier einigen sich der Irak und die beiden UN-Chefinspektoren, Hans Blix und Mohamed el-Baradei, auf einen Fahrplan zur Wiederaufnahme der Inspektionen im Irak.

11. Oktober: Der US-Kongress ermächtigt mit großer Mehrheit Präsident George W. Bush, einen Militärschlag gegen den Irak zu führen.

8. November: Der UN-Sicherheitsrat beschließt die von den USA und Großbritannien eingebrachte Resolution 1441. In der Resolution werden dem Irak »ernsthafte Konsequenzen« angedroht, falls dieser sich weigere, seine Waffenprogramme vollständig offenzulegen und eventuell vorhandene Bestände zu vernichten.

13. November: Der Irak akzeptiert die UN-Resolution 1441 und versichert eine umfassende Zusammenarbeit mit den UN-Waffeninspektoren.

18. November: Die UN-Inspektoren schicken eine Vorhut nach Bagdad.

27. November: Die UN-Waffeninspektoren nehmen offiziell ihre Arbeit im Irak auf. Der Schwede Hans Blix leitet die United Nations Monitoring, Verification and Inspection Commission (UNMOVIC), die für die Abrüstung von chemischen, biologischen und ballistischen Waffen zuständig ist. Die Kontrolle für nukleare Waffensysteme wird von der Internationalen Atomenergiebehörde (IAEA) durchgeführt. Leiter der IAEA mit Sitz in Wien ist der Ägypter Mohamed el-Baradei.

7. Dezember: Nach einer zuvor festgesetzten Frist übergibt Bagdad den Waffeninspektoren und dem UN-Sicherheitsrat eine umfassende Auflistung seiner Waffenbestände. Das 12 000 Seiten starke Dokument soll Aufschluss darüber geben, welche chemischen, biologischen und nuklearen Waffen der Irak besitzt. Allerdings erhalten nicht alle Mitglieder des UN-Sicherheitsrates den vollständigen irakischen Bericht. Die USA behalten sich vor, für den Rest der Sicherheitsratsmitglieder Kopien von Teilen des Dokuments anzufertigen.

2003

9. Januar: UNMOVIC-Chef Hans Blix und Mohammed el-Baradei, Leiter der IAEA, geben dem UN-Sicherheitsrat Auskunft über ihre Tätigkeit im Irak. In der Sitzung betont Hans Blix, dass der Waffenkatalog, den der Irak an die UN-Behörden ausgehändigt hat, viele Fragen offen lässt. Er fordert Saddam Hussein auf, besser mit den UN-Waffeninspektoren zu kooperieren.

27. Januar: Die Vorsitzenden der UN-Waffeninspektoren geben dem UN-Sicherheitsrat neuerlich einen Zwischenbericht über ihre Arbeit im Irak. Dabei werfen sie dem Regime in Bagdad schwere Versäumnisse vor und fordern gleichzeitig mehr Zeit für die Inspektionen.

5. Februar: US-Außenminister Colin Powell inszeniert im UN-Sicherheitsrat eine ausgeklügelte Multimediashow, die beweisen soll, dass der Irak die UN-Waffeninspektoren täusche. Powell veröffentlicht in seiner Präsentation Geheimdienstdokumente, die Iraks Bestrebungen für die Produktion von Massenvernichtungswaffen beweisen sollen. Zahlreiche internationale Diplomaten bezweifeln die Richtigkeit und Brisanz dieser Dokumente. Im Nachhinein stellt sich heraus, dass ein Teil der Vorwürfe tatsächlich frei erfunden ist.

14. Februar: UNMOVIC-Chef Hans Blix informiert die Weltöffentlichkeit, dass bislang keine Massenvernichtungswaffen gefunden werden konnten. Ebenso gebe es keine Anzeichen für ein irakisches Nuklearwaffenprogramm. Gleichzeitig entdecken die Inspektoren Raketen des Typs al-Samud-2, die die erlaubte Reichweite von 150 Kilometern überschreiten sollen.

23. Februar: Saddam Hussein gestattet Aufklärungsflüge über irakischem Hoheitsgebiet. Deutsche Drohnen und französische Mirage-Flugzeuge starten Erkundungsmissionen, auch Satelliten werden eingesetzt.

24. Februar: Die USA, Großbritannien und Spanien legen dem UN-Sicherheitsrat einen neuen Resolutionsentwurf vor. In dem Entwurf werfen sie dem Irak zahlreiche Verstöße gegen die UN-Resolution 1441 vor. Der neue Entwurf soll als Grundlage für ein militärisches Vorgehen gegen Saddam Hussein dienen. Die »Koalition der Willigen«, wie man die Kriegsbefürworter mittlerweile bezeichnet, erleidet aber eine schwere Niederlage. Frankreich, Russland und Deutschland lehnen den Resolutionsentwurf ab und fordern verstärkte UN-Inspektionen im Irak.

1. März: Der Irak beginnt mit der Zerstörung der gefundenen al-Samud-2-Raketen, die bei Tests eine höhere Reichweite als die von den Vereinten Nationen erlaubten 150 Kilometer erzielten.

7. März: Die britische Regierung legt dem UN-Sicherheitsrat eine überarbeitete Irakresolution vor. Diesmal enthält der Entwurf den 17. März als Ultimatum. Bis dahin müsse der Irak seine vollständige und bedingungslose Kooperation unter Beweis stellen.

10. März: Frankreich erklärt, dass es der neuerlichen Resolution nicht zustimmen werde, und kündigt an, gegebenenfalls von seinem Vetorecht Gebrauch machen zu wollen. Die Abstimmung über den Resolutionsentwurf wird daraufhin verschoben. Auch Russland und China kündigen an, der Resolution nicht zuzustimmen.

16. März: Die Staats- und Regierungschefs der Vereinigten Staaten, Großbritanniens, Spaniens und Portugals versammeln sich auf den Azoren zu einem Kriegsrat.

17. März: Die USA erklären die Irakpolitik der Vereinten Nationen für gescheitert. UN-Generalsekretär Kofi Annan zieht die Waffeninspektoren und UN-Mitarbeiter eigenmächtig aus dem Irak ab, obwohl kein Beschluss des Sicherheitsrates vorliegt. Damit verstößt er gegen die UN-Charta.

18. März: US-Präsident George W. Bush fordert den irakischen Staatschef Saddam Hussein und seine Söhne in einer Fernsehansprache auf, den Irak innerhalb der nächsten 48 Stunden zu verlassen. Andernfalls würden die USA zu einem von ihnen bestimmten Zeitpunkt ihren Militärschlag beginnen. Frankreich, Russland und China reagieren ablehnend auf die Bush-Rede. Auch Deutschland spricht sich deutlich gegen einen Krieg aus.

20. März: George W. Bush kündigt den Kriegsbeginn an. Um 3.34 Uhr MEZ bombardieren US-Streitkräfte ein Gebäude in Bagdad, in dem Saddam Hussein vermutet wird. Die Amerikaner sprechen von einem versuchten Enthauptungsschlag der irakischen Führung. Diese Enthauptung allerdings scheint gescheitert zu sein, den wenige Stunden später hält der irakische Diktator Saddam Hussein im staatlichen Fernsehen eine Rede.

21. März: Einen Tag später verstärkt die amerikanisch-britische Allianz ihr Bombardement im Irak. In der Nacht werden Städte und Stellungen der irakischen Armee anvisiert. Gleichzeitig beginnt auch eine Landoffensive im Süden des Landes. Alliierte Truppen erobern Teile der Stadt Umm Kasr – wo sich der einzige Tiefseehafen des Irak befindet – und rücken auf Basra vor.

22. März: Die Städte Umm Kasr und Basra sind heiß umkämpft. Die Alliierten belagern Basra, um einen verlustreichen Häuserkampf zu vermeiden. Später werden Gerüchte über einen Aufstand der vorwiegend schiitischen Bevölkerung gegen die Autoritäten des Saddam-Regimes gestreut. Diese Gerüchte allerdings erweisen sich als falsch. Die Bush-Administration hatte in den Tagen vor dem Krieg immer wieder betont, dass man erwarte, von den Irakern mit Blumen empfangen zu werden.

23. März: Das irakische Fernsehen schockiert die amerikanische Öffentlichkeit mit Bildern von gefallenen und gefangenen US-Soldaten. Die USA werfen dem Irak vor, mit der Demütigung von Kriegsgefangenen vor laufenden Kameras gegen die Genfer Konvention verstoßen zu haben. Die amerikanisch-britische Allianz stößt im Süden des Landes nach wie vor auf heftigen Widerstand.

24. März: In einer TV-Ansprache im irakischen Fernsehen ruft Saddam Hussein die irakische Bevölkerung auf, sich am »Heiligen Krieg« zu beteiligen.

25. März: Die Alliierten verstärken ihr Bombardement auf Bagdad und die Stellungen der Republikanischen Garden. Die irakischen Spezialkräfte hatten einen Verteidigungsring um die irakische Hauptstadt gezogen.

27. März: Mit der Landung von 1000 Fallschirmjägern im Norden des Irak eröffnet die Allianz eine neue Front. Ursprünglich war der Aufbau einer massiven Nordfront geplant, die Weigerung der Türkei, einen amerikanischen Truppenaufmarsch auf ihrem Staatsgebiet zuzulassen, machte diese Pläne aber zunichte. Währenddessen zögern US-Soldaten, in Bagdad einzumarschieren. Die Angst vor einem Häuserkampf scheint in der US-Führung zu groß zu sein.

28. März: Bei einer Explosion auf einem Markt in Bagdad sterben mehr als 50 Zivilisten. Nach wie vor versucht die US-Armee, sich Bagdad von Süden her zu nähern.

30. März: Die amerikanisch-britische Allianz gibt ihre Blitzkrieg-Strategie auf. Der US-Oberbefehlshaber der Streitkräfte, Tommy Franks, spricht davon, dass der Krieg länger dauern könnte als angenommen. Sandstürme und massive logistische Probleme auf den langen Nachschubrouten hatten den Vorstoß auf Bagdad verzögert. Basra wird weiterhin von britischen Streitkräften belagert, ist aber nach wie vor nicht vollständig eingenommen.

31. März: Nach Angaben zahlreicher Experten hat die US-Armee mit erheblichen Nachschubproblemen zu kämpfen. Die amerikanischen Einheiten vor Bagdad können nur unzureichend versorgt werden.

1. April: Amerikanische Einheiten beginnen mit massiven Angriffen auf die Republikanischen Garden vor Bagdad.

3. April: Teile der 3. US-Infanteriedivision nähern sich Bagdad bis auf wenige Kilometer. Der Kampf um den Saddam-Flughafen von Bagdad beginnt. Der irakische Informationsminister Mohamed Sajed al-Sahaf erklärt in den folgenden Tagen, die US-Truppen vor der Hauptstadt würden zurückgeschlagen und würden »Selbstmord begehen«.

6. April: US-Truppen haben Bagdad umstellt. Es kommt zu heftigen Kämpfen in den Außenbezirken.

7. April: Amerikanische Militäreinheiten rücken erstmals in Bagdad ein und besetzen zwei Präsidentenpaläste der Hauptstadt. Die Soldaten stoßen auf wenig Widerstand. Nur fanatisierte und meist jugendliche Anhänger Saddams versuchen mit Panzerfäusten und Maschinengewehren die Angreifer zurückzuschlagen. Natürlich vergeblich. Derweil wagen sich auch britische Einheiten in die belagerte Stadt Basra.

8. April: Die US-Truppen versuchen einen neuerlichen Enthauptungsschlag und bombardieren ein Restaurant im Westteil der Stadt, in dem sich Saddam Hussein und seine Söhne aufhalten sollen. Bei einem amerikanischen Angriff auf das *Hotel Palestine* in Bagdad sterben zwei ausländische Journalisten.

9. April: Bagdad fällt. US-Truppen besetzen wichtige strategische Punkte in der Stadt. Umringt von einer jubelnden Menschenmenge stürzen US-Soldaten eine Saddam-Hussein-Statue vor dem *Hotel Palestine* vom Sockel. Die irakische Führung ist verschwunden. Regimetreue Kämpfer ziehen sich in Saddams Heimatstadt Tikrit zurück.

10. April: Nach dem Zusammenbruch der irakischen Zentralmacht versinkt das Land in Chaos und Anarchie. Die Menschen ziehen plündernd durch die Städte. Alliierte Einheiten sehen bei diesen Plünderungszügen tatenlos zu.

13. April: Die US-Einheiten beginnen ihren Kampf um Tikrit. Bis auf Saddams Geburtsstadt sind fast alle Teile des Landes unter der Kontrolle der alliierten Truppen.

14. April: Tikrit fällt. US-Soldaten rücken mit Panzern und gepanzerten Fahrzeugen in die Stadt vor. Auch hier war der irakische Widerstand eher bescheiden.

15. April: US-Präsident George W. Bush erklärt Saddam Husseins Regime für beendet. Unterdessen fordern westliche Staaten eine stärkere Beteiligung der Vereinten Nationen an einer Nachkriegsordnung im Irak.

21. April: Der von der US-Regierung eingesetzte Verwalter, Exgeneral Jay Garner, nimmt seine Arbeit im Irak auf. Für den Zivilverwalter Jay Garner hat die Schaffung einer irakischen Nachkriegsordnung höchste Priorität. Kurze Zeit später wird Garner von dem Terrorismusexperten Paul Bremer abgelöst.

28. April: Saddams 66. Geburtstag wird im Irak nicht mehr so pompös gefeiert. Die Bagdader beschenken einen Esel, der durch die Straßen getrieben wird.

22. Mai: Der UN-Sicherheitsrat stimmt einer von den USA, Großbritannien und Spanien eingebrachten Resolution zu. Nur Syrien enthält sich der Stimme. Alle UN-Sanktionen gegen den Irak bis auf das Waffenembargo werden aufgehoben. Die Resolution sichert den Besatzungsmächten USA und Großbritannien eine entscheidende Rolle im Nachkriegsirak zu. So bleibt das Land bis zur Einsetzung einer international anerkannten irakischen Regierung unter der Kontrolle der Besatzungsmächte. Die Resolution garantiert der amerikanisch-britischen Allianz zudem die Kontrolle über die Einnahmen der künftigen irakischen Ölverkäufe.

Weiterführende Links

Das Internet hat gerade bei diesem Krieg seine Position als wichtiges Informations- und Nachrichtenmedium behaupten können. Wir listen nachfolgend einige interessante Webseiten auf, die über die weitere Entwicklung im Irak und im Nahen Osten informieren:

Medien

Stories & Texte (http://www.stories-texte.tk)
Website der Autoren mit vielen Background-Stories und Interviews zum Irakkonflikt.

Iraq War (http://www.iraqwar.ru)
Russisches Nachrichtenportal, das eine von der offiziellen Regierungsmeinung abweichende Einschätzung der Vorgänge im Irak veröffentlicht.

Inlet (http://www.inlet.org)
Website amerikanischer Friedensaktivisten. Besonders empfehlenswert: das Bagdad-Tagebuch von Wade Hudson, der sich vom 1. März bis 14. April 2003 in Bagdad aufgehalten hatte.

New York Times (http://www.nyt.com/iraq)
Umfassende Berichterstattung der New York Times *zum Krieg und seinen Folgen. Hebt sich teilweise wohltuend von den Jubelmeldungen anderer amerikanischer Medienorganisationen ab.*

CNN (http://www.cnn.com/iraq)
Für Nachrichtenjunkies genau das Richtige: die Berichterstattung des amerikanischen TV-Senders CNN zum Konflikt.

BBC (http://www.bbc.com/iraq)
Website der britischen Fernsehanstalt zum Krieg und seinen Folgen.

Media Channel (http://www.mediachannel.org)
Die kritische Medienorganisation des ehemaligen CNN-Reporters Danny Schechter befasst sich mit der Rolle der amerikanischen News-Organisationen im Krieg. Danny Schechter bietet in seinem Online-Tagebuch köstliche Einblicke in den Alltag amerikanischer Medien.

Media Workers Against War (http://www.mwaw.org)
Verbund europäischer und amerikanischer Journalisten, die sich gegen den Irakkrieg wenden.

Common Dreams (http://www.commondreams.org)
Das Team filtert die wesentlichen Nachrichten zu den außenpolitischen Positionen der Bush-Administration und veröffentlicht vor allem kritische Berichte zum Krieg.

Denkfabriken

Foreign Policy in Focus (http://www.fpif.org)
Eine amerikanische Denkfabrik, die auf ihrer Website

kostenlos tiefgründige und kritische Analysen zur amerikanischen Außenpolitik bietet.

Stratfor (http://www.stratfor.biz)
Dieser Think-Tank hat sein Hauptquartier zwar im texanischen Austin, die Analysen aber sind ganz und gar nicht nach dem Geschmack des Texaners Bush. Allerdings wird die Website den meisten Surfern nur wenig Freude bereiten: die Analysen sind kostenpflichtig.

International Crisis Group (http://www.crisisweb.org)
Der Brüsseler Think-Tank, gegründet vom ehemaligen australischen Außenminister Gareth Evans, bietet ausgezeichnete und ausführliche Analysen zu den Brennpunkten der Welt – natürlich auch zum Nahen und Mittleren Osten.

American Enterprise Institute (http://www.aei.org)
Wer sich informieren möchte, gegen wen sich der Groll der Bush-Administration als nächstes richten wird, ist auf dieser Website gut aufgehoben: Hier wurde die Irakpolitik der Vereinigten Staaten wesentlich mitgestaltet.

Offizielle Seiten

International Atomic Energy Agency (http://www.iaea.org/worldatom)
Website der in Wien ansässigen internationalen Atomenergiebehörde der Vereinten Nationen. Hier sind die

jüngsten Berichte der UN-Waffeninspektoren im Irak sowie die vollständige UN-Resolution 1441 zu finden.

United Nations Monitoring, Verification and Inspection Commission (http://www.unmovic.org)
Die UNMOVIC der Vereinten Nationen war bis Kriegsausbruch für die Suche nach chemischen und biologischen Waffen zuständig. Auf der offiziellen Homepage der UNMOVIC sind zahlreiche Informationen über die Waffenbestände im Irak aufgelistet.

Weißes Haus (http://www.whitehouse.gov/infocus/iraq)
Sämtliche Reden des US-Präsidenten George W. Bush zum Irakkonflikt können hier nachgelesen werden.

Das Pentagon (http://www.pentagon.gov)
Ausführliche Berichte über die militärischen Erfolge im Kampf gegen den Terror und Saddam Hussein aus der Warte von US-Verteidigungsminister Donald Rumsfeld.

US State Department (http://www.state.gov/p/nea/ci/c32 13.htm)
Schwerpunktseite des US-Außenministeriums zum Irak. Zusätzliche umfangreiche Informationen über das Tauziehen um die UN-Resolutionen zum Irak.

USAID (http://www.usaid.gov)
Homepage der Regierungsorganisation United States Agency for International Development. USAID ist für die Vergabe umfangreicher Aufträge für den irakischen Wiederaufbau verantwortlich.

Foreign & Commonwealth Office (http://www.fco.gov.uk)
Offizielle Homepage des britischen Außenministeriums. Auch hier gibt es zahlreiche aktuelle Informationen zum Irakkonflikt.

Dank

Dieses Buch basiert auf der Auswertung vieler Medienberichte und auf einer Vielzahl von Interviews, die wir zwischen Oktober 2002 und Mai 2003 zum Thema geführt haben. Wir möchten uns ganz herzlich bei allen unseren Interviewpartnern bedanken, die uns geduldig und oft mehrmals Rede und Antwort standen. Ohne sie wäre dieses Buch nicht möglich gewesen.

Besonderen Dank sprechen wir unserem Verlagslektor vom Knaur Verlag aus, der uns großes Vertrauen entgegengebracht und bei der Strukturierung dieses Werkes maßgeblich geholfen hat. Außerdem hat er uns motiviert, die Hürden zu nehmen, die nun einmal bei einem solchen Buch auftauchen. Ihm ist zu verdanken, dass wir diese Arbeit zu Ende führen konnten. Einen ebenso großen Anteil an diesem Buch hat unsere Lektorin Beate Koglin, die unermüdlich für die Einhaltung gewisser formaler Normen gesorgt und uns unermesslich wertvolle Tipps für unsere Arbeit gegeben hat. Ohne diese beiden wäre dieses Buch niemals erschienen – und bessere Lektoren hätten wir uns nicht wünschen können.

Aber es gibt auch Menschen, die nicht direkt an der Entstehung dieses Buches beteiligt waren und doch einen enorm großen Anteil hatten: Da wären einmal Georg Koder, der von uns dazu verdonnert wurde, das Manuskript zu lesen und zu kritisieren, und Anita Wilz, die uns immer wieder Unterstützung und Hilfe zuteil werden ließ. Und schließlich Irene Eberl, die mit ihrer konstruktiven Kritik sehr geholfen hat und uns auch sonst mit Rat und Tat zur Seite stand.

Geiko Müller-Fahrenholz

In göttlicher Mission

Politik im Namen des Herrn –
Warum George W. Bush die Welt erlösen will

»Gott hat uns aufgerufen, unser Land zu verteidigen und die Welt zum Frieden zu führen, und wir werden beide Herausforderungen mit Mut und Selbstvertrauen angehen.«
Goerge W. Bush in einer Rede am 10. Februar 2003 in Nashville, Tennessee

Unverblümt gibt sich George W. Bush als ein »born again« zu erkennen, als Wiedergeborener. Er glaubt, Amerika brauche eine spirituelle Erneuerung. Er denkt, er sitze nur deshalb im Oval Office, weil er zu Gott und Gott zu ihm gefunden hat. Und in seiner Präsidentschaft will er Großes erreichen: die *Pax Americana* – Weltfrieden nach amerikanischer Art.

Wohin führen Bush's Visionen und der vermeintlich göttliche Auftrag, die Welt zu bekehren? Der Theologe und Amerika-Kenner Geiko Müller-Fahrenholz geht dem Phänomen vom »Glaubenskrieger Bush« nach, durchleuchtet die religiösen Hintergründe seiner Politik und gibt eine Einschätzung der fatalen Verquickung von Religion und Machtstreben.

Knaur

Y. C. Kuan

Mein Leben unter zwei Himmeln

Eine Lebensgeschichte
zwischen Shanghai und Hamburg

In »Mein Leben unter zwei Himmeln« erzählt Y. C. Kuan seine abenteuerliche Lebensgeschichte. 1931 geboren, erlebt er als kleiner Junge in Shanghai die japanische Invasion, als Heranwachsender die chinesische Revolution und kommt nach dramatischer Flucht über Ägypten in das Deutschland der siebziger Jahre. Der deutschen Sprache nicht mächtig und nahezu mittellos, begegnet er seiner neuen Heimat zunächst misstrauisch. Er ahnt noch nicht, wie dieses Land sein Leben verändern wird ...

»Von der ersten bis zur letzten Seite fesselnd!«
Die Zeit

Edith Hahn Beer

Ich ging durchs Feuer und brannte nicht

Die Jüdin Edith Hahn Beer ist eine junge begabte Studentin in Wien, als die Nazis 1938 auch dort die Macht ergreifen. Der Mann, den Edith über alles liebt, wird ihr zum Verhängnis. Der Mann, den sie hassen müsste, weil er überzeugter Nazi ist, rettet ihr das Leben: er verliebt sich in sie und heiratet sie – in vollem Bewusstsein ihrer wahren Identität …
Eine Liebesgeschichte vor dem Hintergrund einer Zeit, in der die Menschen sich – mit tödlicher Konsequenz – entscheiden mussten: für Liebe oder Verrat, Freundschaft oder Feigheit, Hilfsbereitschaft oder Gleichgültigkeit.

»Eine mitreißende Lebensgeschichte –
ähnlich Victor Klemperers Tagebüchern«
Süddeutsche Zeitung

Knaur